ダイヤモンド
DIAMOND BOOKS

創価学会と共産党

激変する巨大組織のカネ・権力・ヒエラルキー

週刊ダイヤモンド編集部［編］

ダイヤモンド社

はじめに

1913（大正2）年に創刊した「週刊ダイヤモンド」は、担当記者が企業・産業を長期間カバーする体制を敷くことで、100年以上にわたって、企業やビジネスパーソンの情報ニーズに応えてきました。最大の売りは、データや分析を豊富に掲載した大特集です。

その多くは経済やビジネスに関わるものですが、政治関連で異例のヒットを記録したのが、タブーに切り込んだ2016年6月25日号の「創価学会と共産党」です。

与野党それぞれのキャスティングボートを握る二大組織として、存在感を増していた創価学会（公明党）と日本共産党。片や永田町で隠然たる影響力を発揮し、片や「確かな野党」として若年層や無党派層などへ着々と支持基盤を広げていました。一方で、組織内部に目を向けると、さまざまな〝病魔〟にむしばまれている実態があることを、この特集で浮き彫りにしました。

野党再編によって大混戦となった17年衆議院選挙直後のいま、二つの巨大組織の知られざる内幕を重層解剖したこの特集を加筆修正し、緊急書籍化する運びとなりました。

「プロローグ」では、今回の衆院選の背景と創価学会の組織票について大幅加筆して解説を試みました。安倍晋三首相による不意打ち解散は物議を醸しましたが、与党公明党の最大にして最強の支持母体である創価学会は、かなり早い段階で解散情報をキャッチし、選挙態勢を即座に整えていました。

なぜ創価学会には圧倒的な集票力があるのか。その疑問を解くため、学会員の選挙における活動にも焦点を当てました。加えて、昭和の大作家が仲介した創価学会と日本共産党との仮初めの協定も紹介しています。

「パート1」では、公称で800万を超す世帯の会員を抱える巨大宗教組織、「創価王国」の権力構造に迫りました。カリスマ、池田大作名誉会長が表舞台から姿を消し、組織のガバナンスが大きく変わる中、権力中枢からは世界宗教化への野心が見えてきました。東京大・早稲田大閥が実権を握った「ポスト池田体制」の権力構造にも迫りました。

創価学会の本当の経済力を徹底解明したのが「パート2」です。膨張を続ける東京・信濃町の〝創価村〟の最新事情をはじめ、学会関連企業の実態や大企業が依存する〝S経済圏〟、さらには、ほとんど知る人間がいない学会資産の全貌についても、可能な限り数値化し、推定資産を初算出しました。

「パート3」では、学会員の出世、待遇、結婚、そして就職という人生の「リアル」に切り込みました。「創価エリート」の出世すごろくを独自に作成したり、創価大学卒の採用数が多い企業をランキング化したりと、ここでしか読めない情報が満載です。さまざまな業界に根を張る職業別の〝サークル〟が存在することも明らかにしました。

「パート4」では、野党の鍵を握る日本共産党の内情に切り込みました。躍進と没落の狭間で揺れる共産党。そのビジネスモデルを支える機関紙「赤旗」の台所事情や、党内の「鉄のヒエラルキー」、そして結党からの「茨」の歴史を掘り下げています。

創価学会と共産党。いまの日本政治を語る上で必須であるにもかかわらず、ほとんど語られてこなかった二大組織のカネと権力構造の内幕に迫りました。

週刊ダイヤモンド編集部

Contents

Prologue

永田町で蠢く創価学会と共産党

Part 1

公称827万世帯「創価王国」の内部崩壊

Part 2

完全解明
創価学会の本当の経済力

学会員は営業活動で有利!? “創価民族”の意外な生活圏……111

Part 3

学会員のリアル 待遇、出世、結婚、就職

Part 4

躍進か没落か 日本共産党の秘密

iStock/gettyimages

Prologue
永田町で蠢く創価学会と共産党

首相・安倍晋三の不意打ち解散で幕を開けた2017年衆議院選挙。
劇的な野党再編によって大乱戦に突入したことで、
一部の選挙関係者の間では二つの組織への関心が高まった。
自民党がピンチのときこそ影響力を高める創価学会と、
自民党と希望の党に対する批判の受け皿として
存在感を増した日本共産党である。

＊プロローグ内は全て敬称略

台風上陸中に異例の幹部会議
電撃解散に創価学会が緊急始動

2017年9月25日に臨時国会冒頭での衆議院解散を表明した首相の安倍晋三。公明党の最大にして最強の支持母体である創価学会は解散表明の1週間余り前から臨戦態勢に入っていた。

日本列島に台風18号が上陸した2017年9月17日、公明党の最大にして最強の支持母体である創価学会は幹部会議を強行招集し、解散総選挙に向けていち早く動きだした。

解散に向けて事態が急展開したのは9月10日のことだった。この日、副総理兼財務相の麻生太郎が東京・富ヶ谷にある首相、安倍晋三の私邸に呼ばれた。麻生には自らが首相として政権を率いていた09年、衆議院任期切れ直前の「追い込まれ解散」で大敗した苦い記憶があり、早期解散の必要性を訴える急先鋒だった。約1時間半に及ぶ会談で、政権ツートップによる解散に向けた擦り合わせがなされたとされる。

さらに安倍は翌11日、立て続けにキーマン2人と首相官邸で会談した。一人は、幹事長続投が8月に決まって以降、頻繁に選挙情勢調査を実施して解散総選挙に自信を持ち始めていた自民党幹事長の二階俊博、もう一人が連立与党のパートナーである公明党代表の山口那津男だ。山口が翌12日からロシアを訪問することになっており、その前に臨時国会中の解散を検討していることを伝えるためだ。

政権を支える3人のキーマン。首相官邸に近い関係者は、「麻生副総理、二階幹事長、そして何より山口代表の中で誰か一人でも解散に反対していたら、安倍首相は解散を決断できなかったはず」と指摘する。

方面長会議を起点に〝総選挙マシーンの全国展開がスタート

秘密裏に進めていた情勢調査の結果から、自公で280議席は確保できるとの自信を深めた安倍は15日、ロシア訪問中の山口に電話で冒頭解散する意向を伝えたとされる。創価学会の対応は迅速だった。すぐに方面長ら幹部を全国から招集して17日に開催した方面長会議で、衆議院選挙に向けて準備を進めることを確認、全国に指示を発した。

「方面長会議での判断は極めて重要。学会は全国を北海道、東北、関東、東京、東海道、信越、中部など13の方面に分けていて、その下にそれぞれ県、圏、本部、支部、地区、ブロックなどの下部組織がある。方面長会議を通じて地方に伝達することを、永田町では『学会が地方組織に下ろした』みたいな言い方をする」と公明党関係者は言う。まさにこの会議を起点として、〝選挙マシーン〟としての全国展開が始まるのだ。

今回、安倍が電撃解散に踏み切った背景にはさまざまな思惑が絡む。そもそも今年に入って安倍政権は混迷を深めていた。「森友学園」と「加計学園」という両学校法人をめぐる問題で内閣支持率は急落。7月には全国紙の世論調査で支持率が4割を切るところまで落ちてしまった。解散総選挙どころか、18年秋に予定される党総裁選での勝利すら危ぶまれるほどだった。

ところが、予期せぬ〝追い風〟が吹く。相次ぐ核実験と弾道ミサイルの発射など、北朝鮮情勢の緊迫化が安全保障に強いとされる安倍内閣の支持率を回復へと向かわせた。前原誠司を代表にした民進党新体制がスタートからつまずいたことも大きい。幹事長に内定していた山尾志桜里と若手弁護士との「ダブル不倫ショック」で自滅してしまったのだ。北朝鮮情勢は年末以降にさらに緊迫するとみられ、いま踏み切らないと解散が難しくなるとの見方も後押しした。また、11月5日に予定される米大統領、ドナルド・トランプの来日に、新内閣で対応するには22日投開票がギリギリのタイムリミットだという事情もあった。

自公の選挙協力が都議選でも続けば自民は議席増の公算

ただ、ある自民党幹部は「何より大きかったのが、このタイミングでの不意打ち解散に公明党が難色を示さなかったこと」との見解を示した。自民党が公明党との連立政権を組んだのは1999年。それから18年、もはや自民党は公明党との連携なしでは選挙を戦えないほど、公明党の支援組織である創価学会への依存を強めているのが実情なのだ。

例えば、7月2日に投開票された東京都議選。この選挙で自民党との連携を解消した公明党が、都知事の小池百合子率いる都民ファーストの会と共闘した結果、自民党は都議会の議席を57から23と半分以下まで減らし、歴史的惨敗を喫してしまった。ところが、「毎日新聞」の試算によると、自民党と公明党の選挙協力が続いていた場合、自民党は今回の結果より12議席増やしていた可能性があるという。

7回連続で100％当選の公明党
選挙支える最強の組織票

創価学会の圧倒的な動員力こそが選挙における公明党の強さの源泉だ。７００万を超す得票、正確な票読み、そして「Ｆ票」の掘り起こし。ここでは学会の巧みな選挙戦術を読み解いていく。

公明党が選挙において圧倒的な強さを誇ってきたことを、一般の人はあまり知らないかもしれない。象徴的だったのが、都民ファーストの会が公明党との連携で自民党に完勝した２０１７年７月の東京都議会議員選挙だ。

都民ファーストの躍進ばかりがクローズアップされがちだが、公明党はその陰で、「１００％当選」という離れ業をやってのけている。立候補者23人を全員当選させたのだ。しかもこれが初めてではない。１９９３年の都議選以来、実に７回連続となる１００％当選を実現しているというのだから驚きだ。公明党は14年の衆院選でも、選挙区に擁立した９人全員の当選を果たしている。

立候補した23人が100%当選!

2017年都議選における公明党の当選者一覧

選挙区	定数	当選者名	現新	順位	得票数
新宿区	4	古城将夫	新	3位	19,713
墨田区	3	加藤雅之	現	2位	21,585
江東区	4	細田 勇	新	3位	36,533
品川区	4	伊藤興一	現	3位	26,184
目黒区	3	斉藤泰宏	現	2位	19,077
大田区	8	藤井 一	現	3位	26,704
		遠藤 守	現	4位	26,593
世田谷区	8	栗林のり子	現	3位	42,208
中野区	3	高倉良生	現	2位	24,647
杉並区	6	松葉多美子	現	4位	29,144
豊島区	3	長橋桂一	現	2位	20,381
北区	3	大松 成	現	2位	34,501
荒川区	2	慶野信一	新	1位	24,005
板橋区	5	橘 正剛	現	2位	38,351
練馬区	6	小林健二	現	3位	43,577
足立区	6	薄井浩一	新	4位	36,494
		中山信行	現	6位	33,440
葛飾区	4	野上純子	現	2位	37,669
江戸川区	5	上野和彦	現	2位	50,778
八王子市	5	東村邦浩	現	1位	48,016
町田市	4	小磯善彦	現	2位	31,893
北多摩1区	3	谷村孝彦	現	2位	32,773
北多摩3区	3	中島義雄	現	2位	30,431

出所:公明党

こうした選挙で大きな役割を果たすのが、公明党の支援組織である創価学会であることは論をまたない。

投票率に左右されず確実に得票が読める学会票を巧みに動員

選挙プランナーの松田馨は「労働組合などさまざまな組織票が存在するが、最強の組織票が創価学会票であることは間違いない。票数の多さ（国政選挙の比例区での得票は700万票超とされる）はもちろん、正確な支持者数の把握に基づく票割り（支持母体の票を各候補者に割り当てる作業）が強み」と解説する。

自民党員や労組の組合員は毎回選挙に行くわけではない。一方で、学会員の忠誠心は非常に強く、「投票率に左右されることなく、確実に票が読める」と松田はいう。公明党の場合、世論調査における政党支持率は3〜5％程度だが、実際の選挙の投票者数に占める割合はその倍近くに達するのだという。確実に票が見込める学会票は投票率が低いほどにその価値が高まる。

公明党と連立を組む自民党関係者は、「公明党とやりとりすると、学会員がわれわれの支持者よりもはるかに熱心に活動しているのが分かる。創価学会は非常に丁寧に学会員の名簿を管理していて、引っ越しした学会員などについても、各地区のまとめ役が把握していたりする」と評価する。

創価学会は各地域でどれくらい票を取れるか、全国に網の目のように張り巡らせた学会員情報をベースにして支持者数を詳細に把握し、選挙の動員に巧みに生かしているのだ。

正確な票読みをしているからこそ、大胆な選挙戦略を展開できる。7月の都議選では、世田谷区で当選が難しいとみられた地元区議出身の現職候補者を、全く別の選挙区から立候補させて見事当選を勝ち取っている。

また、ある熱心な学会員は本誌の取材に、「私たちにとって選挙運動は功徳を積む修行の一環ですから」と打ち明けた。徹底的な電話作戦と働き掛け、要は真面目に選挙運動をやるというのが、学会員に対する選挙関係者の共通の認識といえる。

本気度の高い選挙では、「F票」でさらなる票の上積みを図るのが学会の常とう手段だ。F票とはフレンド票の略で、学会員ではない有権者からの票を指す。選挙の際に、仲の良かった高校の同級生などから電話があり、公明党への投票を呼び掛けられたことがある人もいるのではないだろうか。それがF票の勧誘である。上からの指示を愚直に徹底するのが創価学会という組織の強さなのだ。

推理小説の巨匠が仲介した学会と共産党、仮初めの協定

昭和の大作家の仲介によって、かつて仮初めの協定を結んだこともある創価学会と日本共産党。結局すぐに両者は決裂するのだが、この二つの組織は今また、与野党という対極的な立場でそれぞれ存在感を発揮している。

1974年の師走のことである。社会派推理小説の巨匠、松本清張の自宅で2人の男が対峙した。

一人は、創価学会会長の池田大作。そしてもう一人は日本共産党委員長の宮本顕治（肩書はいずれも当時）。

都市部の低所得者層を基盤とするなど支持層が重なっていたため、競合関係にあった学会と共産党。昭和の大作家が仲介する形で、互いの存在を認めて干渉しないことを確認したのだ。世に言う「創共協定」である。

結局、この協定はすぐに死文化するのだが、二つの組織は今また、対極的な立場でにわか

に存在感を増している。

２０１６年の参院選や17年10月22日投開票の衆院選などにおいて、与野党それぞれのキャスティングボートを握る存在として、この二大組織にスポットライトが当たっているのだ。16年の参院選をめぐっては、最後の最後まで衆参ダブル選挙の観測がくすぶっていた。首相の安倍晋三がギリギリまでダブル選にこだわっていたとされるからだ。

その安倍に最終的に衆院解散を思いとどまらせたのが、票の取りまとめが難しくなるため、当初からダブル選に反対してきた学会だったとされる。

学会は与党公明党の最大にして最強の支持母体であり、この巨大宗教組織が本気で動くかどうかが、選挙の趨勢を決めるといっても過言ではない。

公明党が国政選挙（比例区）で７００万票以上を得票できるのも、学会の後押しがあるからこそ。学会票は今や、連立を組む自民党にとっても不可欠な存在となっている。

公明党と学会の関係性は一般にはあまり知られていないが、もともと公明党は学会の文化部をその源流としている。

学会の宗教的な理想を実現するために政界へ進出したのが始まりだ。１９６４年に独立した政党組織となった。今でこそ与党が板についてきたが、70年に「政教分離」が打ち出されるまでは、「広宣流布」などの仏法の表現も多く見られるなど、宗教色が強かったという。

今もその〝親子関係〟は残っており、「学会員の支持がなければ議員になれない。立場は完全に党より学会が上。新人が立候補する場合、学会員の地域集会で顔見せをしっかりする。そこで婦人部などからの受けが悪いと、票が伸びない」（公明党議員）。

そんな学会は、公明党とは別に独自に政界とのパイプを持っているという。

学会副会長の佐藤浩が、官房長官の菅義偉と懇意なのは、永田町関係者の間では知られた話である。学会員も関心の高そうな重要法案については、「菅－佐藤ライン」で妥協点を探っているとされる。

また、今はそれほど目立っていないが、学会の顧問弁護士グループの重鎮、八尋頼雄とのパイプを持っている自民党議員もいる。

「創価学会と首相官邸で議論が進み、党が知らない間に物事が決まることもある」。公明党議員からそんな不満が漏れるほど学会の影響力は大きい。

創価学会と共産党の集票力

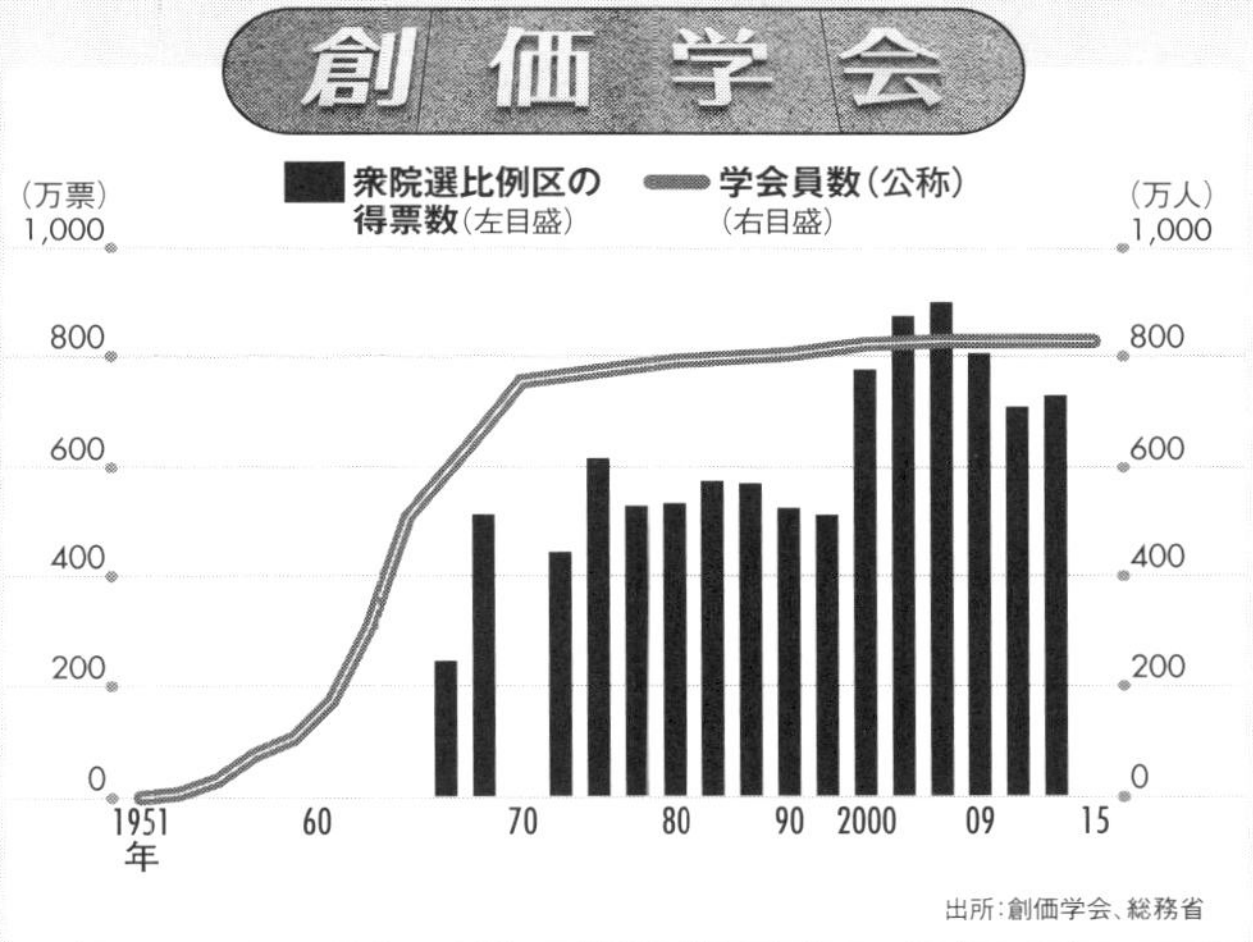

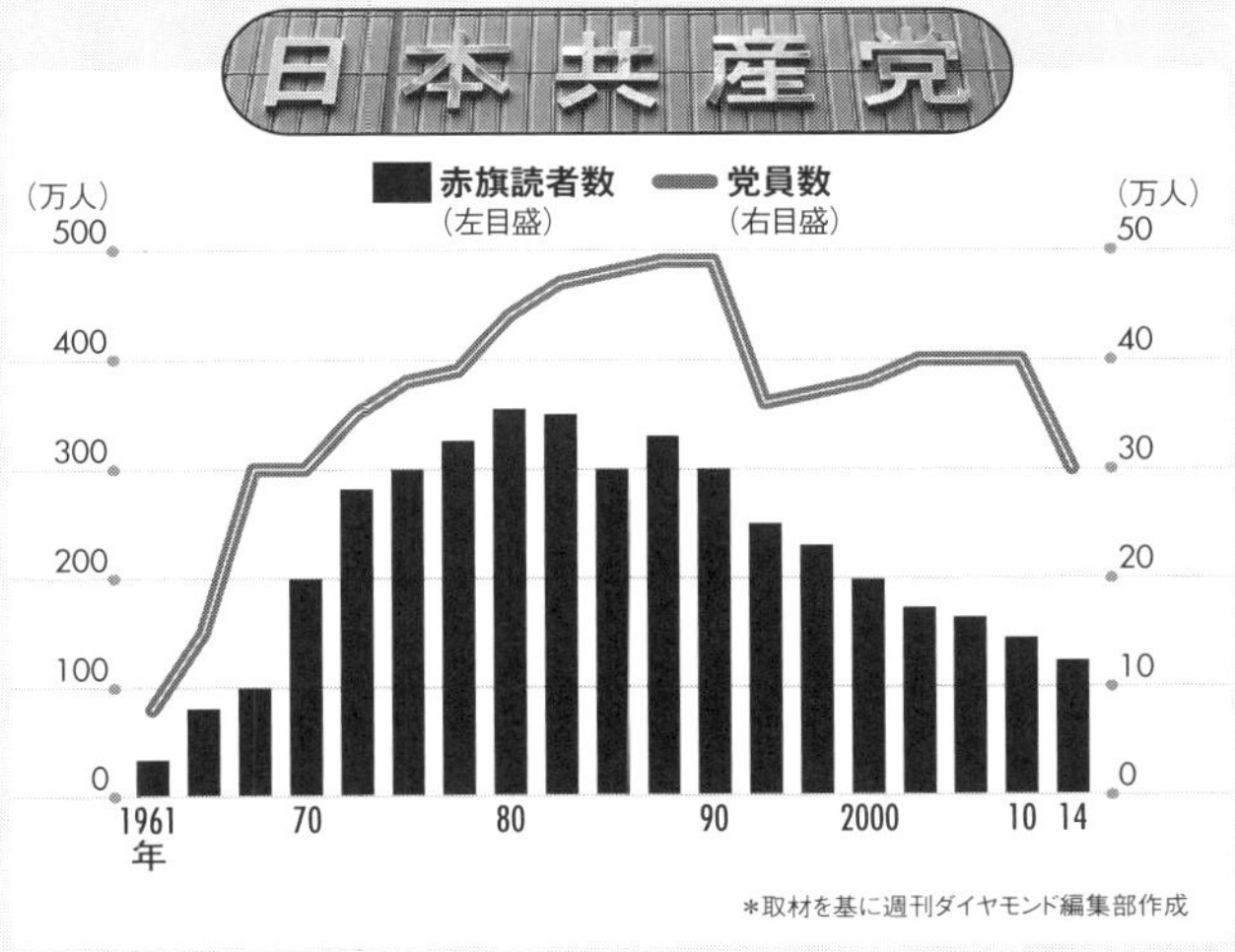

日本共産党の野党との全面共闘は異例中の異例

16年の参院選では、日本共産党が野党の台風の目となった。共産党など野党4党が32ある改選1人区全てで共闘することになったからだ。共産党といえばこれまで、全選挙区で独自に候補者を擁立するケースが多く、本格的な共闘による統一候補の擁立は異例中の異例だ。

共産党委員長の志位和夫は本誌に対して、「今は非常事態。お互いの政策の違いを脇に置いてでも、全国的な規模で力を合わせて選挙戦を戦う。そこまで踏み込んだのは、共産党94年の歴史で初めて」と共闘の意義を強調した。

ただ、共闘した民進党幹部からはこんな本音が漏れ聞こえた。「共産党に対するアレルギーはやはり根強く、反共産の票が自民党に流れないよう、できるだけ目立たないでほしい」。共闘成功の鍵が、共産党がいかに動かないか。学会とは正反対の動きを求められるとは、何とも皮肉なものである。

とはいえ、14年の衆院選では獲得議席数を8から21へと大幅に伸ばした。16年の参院選でも改選3議席を6議席へと倍増させた。

片や首相官邸とのパイプで永田町に隠然たる影響力を持ち、片や「安倍1強」の自民党政権や、「野合」とやゆされる野党再編への批判の受け皿として存在感を増している。

一見すると、いずれも存在感を高めているようだが、組織内部に目を向けると、さまざまな〝病魔〟にむしばまれていることが分かってきた。本書では、学会と共産党という、日本の政治の命運を左右する二つの巨大組織の知られざる内幕に、容赦なくメスを入れた。

Keisuke Yamaguchi

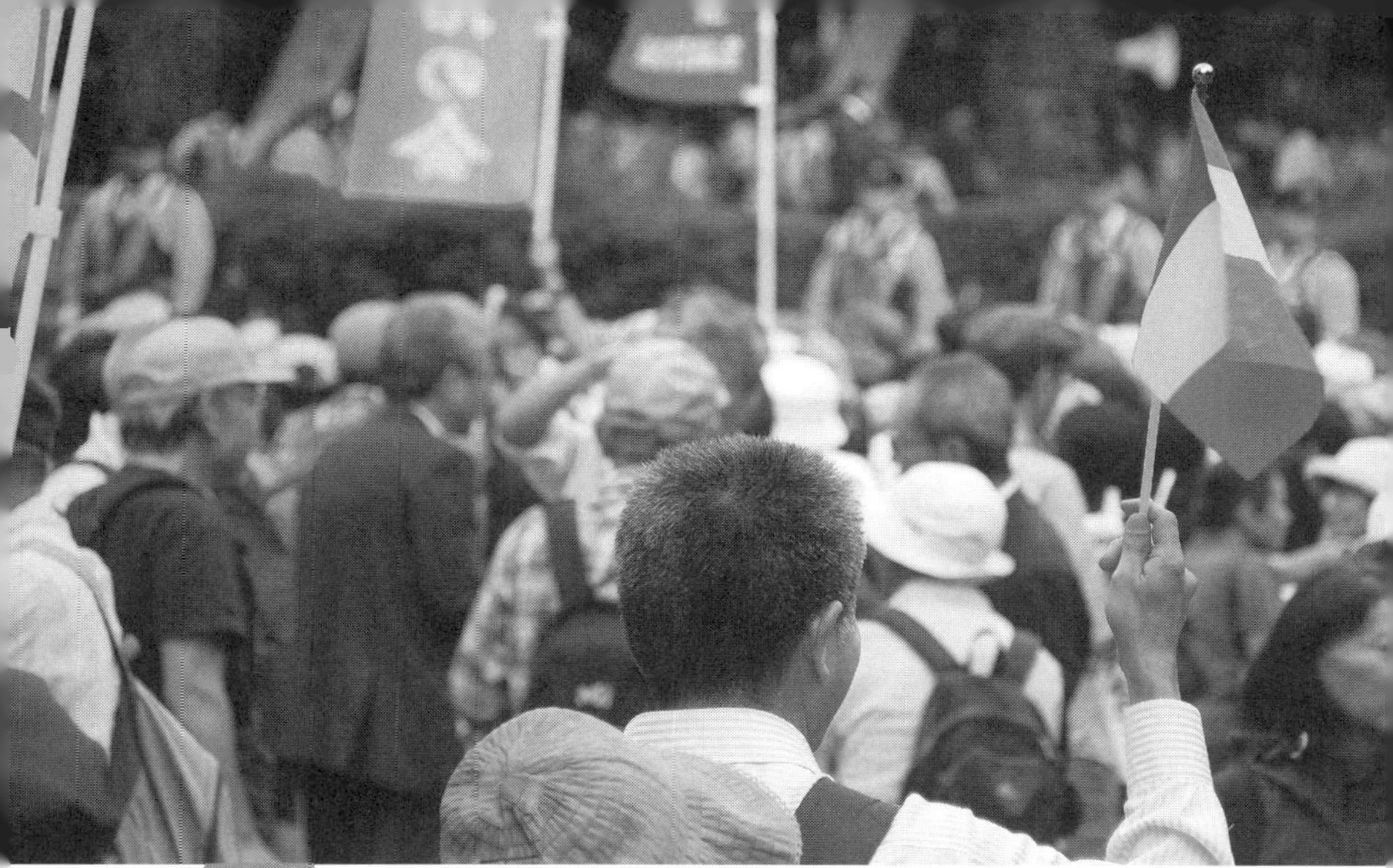

Takeshi Shigeishi

Part 1

公称827万世帯
「創価王国」の内部崩壊

公称827万世帯の会員を抱える巨大宗教組織、
創価学会が揺れている。半世紀にわたって学会を率いた
名誉会長、池田大作が表舞台から姿を消し、
求心力の低下が止まらない。
〝カリスマ〟不在の組織内部で今、何が起きているのか。

「今の執行部は〝宗教屋〟だ」学会本部の元職員が実名告発

創価学会本部を懲戒解雇された3人の元職員が、学会に〝宗教改革〟を起こすべく活動を続けている。池田大作を「師匠」と仰ぐ3人の主張から透けて見えるのは、学会組織の変質だ。

「創価学会は会長が上、会員は下、とんでもない間違いです。本末転倒です。そうなった場合、創価学会も邪教です」

２０１６年６月４日、横浜駅に近い県民センターのホール。スクリーンに映し出された男が、そう語った。

男は創価学会名誉会長、池田大作。２０１０年５月の本部幹部会に出席したのを最後に、公式行事から姿を消して久しいが、スクリーンのビデオ映像は１９９０年代に撮影されたインタビューで、池田が威風堂々たる様子で語る姿が映し出されていた。

池田はその中で「人間が宗教に押しつぶされ、まるで〝奴隷〟となった」歴史を踏まえ、「会長が上、会員は下」という階層構造を明確に否定した。

ホールには、全国の学会員ら約100人が集まっていた。その多くが真剣なまなざしでスクリーンの中の池田を見詰め、彼が発する言葉に大きくうなずいていた。池田を「永遠の師匠」と仰ぐ学会員たちだ。

だが、ビデオ上映後に幕を開けたこの日の集会では、学会への不満が噴出したのである。会を主催したのは、神奈川県川崎市在住の小平秀一、滝川清志、野口裕介の3人。祖父母や両親の代からの学会員で、学会本部で将来を嘱望された幹部候補生だったが、12年に懲戒解雇された。

冒頭、滝川が壇上で口火を切った。

「狂った権力者の暴走を止めることができるのは、おかしいものはおかしい、間違っているものは間違っていると叫ぶ名もなき民衆の怒りの声です」

そして「極悪に対して黙っていたら、こちらまで悪になってしまう」との池田の言葉を引用し、「創価学会に何の遠慮もせず、真実の声、怒りの声を上げる時が来た」と気勢を上げると、会場は大きな拍手に包まれた。

もともとは組織に従順な「ミスター本部職員」（小平）だった彼らが、なぜ執行部を批判する側に転じたのか。

最年長の小平は創価高校を卒業、創価大学時代は学生の人材グループ「池田学校」にも選抜された、いわゆる〝創価エリート〟の道を歩み、大学を卒業した99年、東京・信濃町の学会本部に就職した。

地元川崎の学生組織をまとめる川崎南部エリアの学生部長となり、会員勧誘（折伏《しゃくぶく》）や選挙の集票で後輩に「成果」を求めた。目標を設定し、成果を挙げて上層部に評価されることに充実感を覚えた。

だが上意下達のやり方に後輩の学生部メンバーは疲弊していく。あるメンバーが別の幹部に「苦しい」と涙ながらに訴えたことを知り、小平は「成果に心を奪われていたことを恥じ、猛省した」。

成果主義のまん延
対話を拒む
組織の硬直化

成果主義の風潮は、当時の本部職員にまん延していた。学生部の運動方針を決定している中央組織部の幹部は、組織ごとの折伏成果をランキング化し、互いに競わせた。成果が乏しい組織は暗にプレッシャーをかけられた。

T.S.

野口裕介氏
1978年生まれ。
2002年、東海大学卒業後、学会本部に就職。

小平秀一氏
1977年生まれ。
99年、創価大学卒業後、学会本部に就職。

滝川清志氏
1978年生まれ。
2000年、創価大学卒業後、学会本部に就職。

3氏が学会に"排除"された経緯

2008年 5月	本部指導監査委員会が3氏に誓約書提出を指示
7月	誓約書提出を拒否したため、3氏に謹慎処分
09年 4月	3氏に役職解任処分
10月	滝川氏の横浜市への異動通達
10年 2月	小平氏の福岡市への異動通達
11月	野口氏の高松市への異動通達
12年10月	創価学会が3氏を懲戒解雇
14年 6月	創価学会が3氏を除名処分
15年 8月	3氏がブログを開設
16年 6月	3氏が集会「安保法制について考える会」を開催

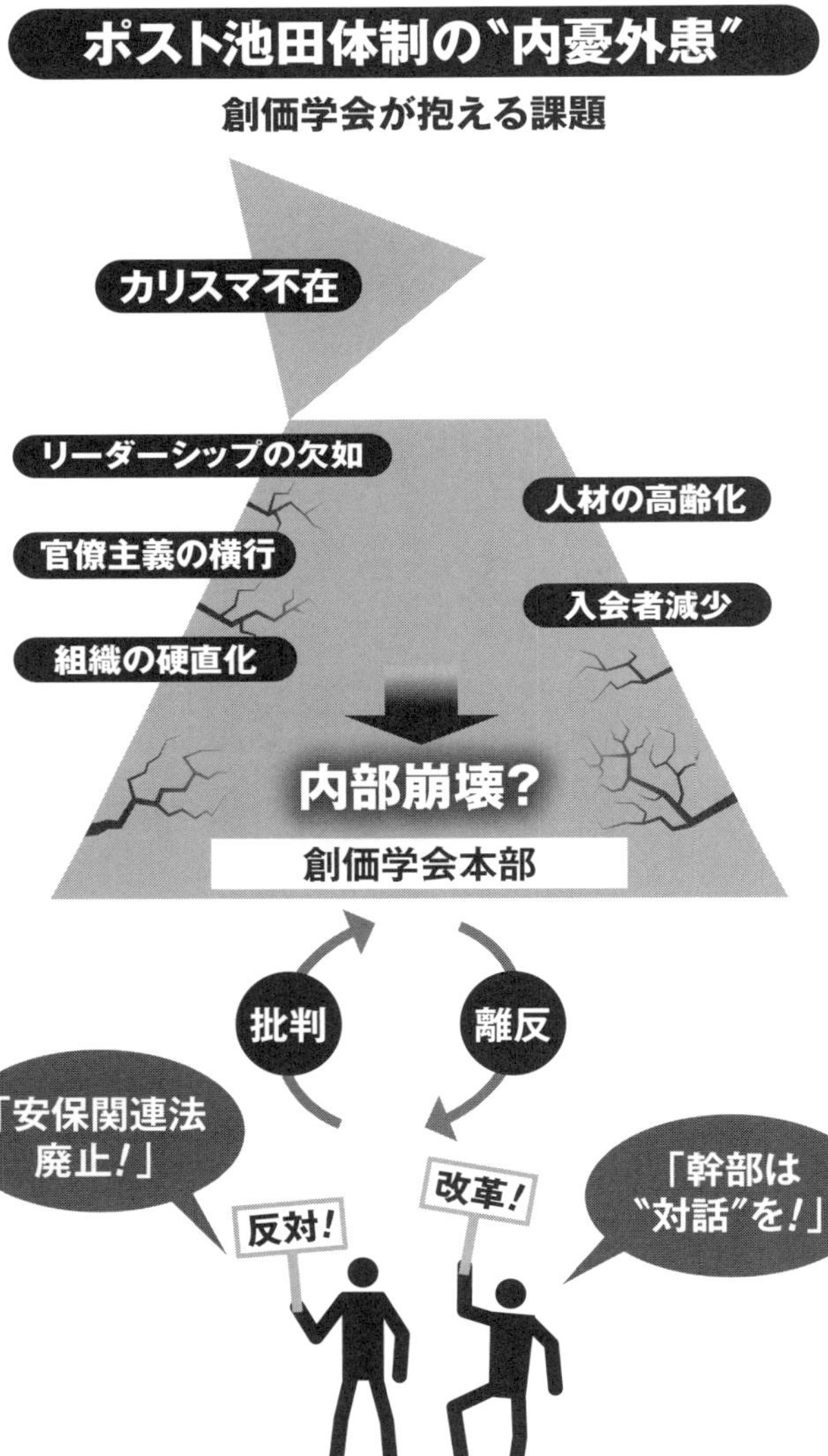
ポスト池田体制の〝内憂外患〟
創価学会が抱える課題
カリスマ不在
リーダーシップの欠如
官僚主義の横行
組織の硬直化
人材の高齢化
入会者減少
内部崩壊?
創価学会本部
批判
離反
「安保関連法
廃止!」
反対!
改革!
「幹部は
〝対話〟を!」

世論の批判を浴びた
創価学会のスキャンダル

☞ 大阪事件（1957年）

参議院大阪選挙区補欠選挙で、池田大作氏が日雇い労働者に現金などを渡すよう指示したとして、公職選挙法違反（買収）の疑いで逮捕、勾留。学会幹部45人と共に起訴された。（後に無罪判決）

☞ 言論出版妨害事件（1969年）

評論家の藤原弘達氏に対し、著書『創価学会を斬る』の出版を妨害したことが発覚。社会から強い批判を浴び、池田氏が謝罪。政教分離の観点から国立戒壇構想を撤回した。

☞ 宗門戦争（1991年）

池田氏が宗門を批判し、翌年破門される。お互いがスキャンダルを暴き立てる非難合戦が繰り広げられた。

「人を励まし育てるよりも数として見るようになり、組織が官僚化、硬直化している」。そう感じた小平は当時の組織部長に「おかしい」と意見したが、「結果を出してから言え」と相手にされなかった。

ある日呼び出され、学生部からの「卒業」を通告された。後任の滝川や野口も小平と同じ考えを抱き、次々に排除される。野口は「折伏は営業ではなく、信仰を磨くプロセス。成果主義が強まると、信仰の喜びが苦しみに変わる」と訴える。

川崎学生部の〝正常化〟の命を受けて現地入りした本部職員は「川崎の暗黒時代をつくった」と、関係する会員の実名を挙げて公然と批判。小平らは「名誉毀損だ」と抗議し、本部指導監査委員会にかけられることに。その場で求められたのが、「組織内組織（派閥）と認められる行動は取らない」ことを約束する内容の誓約書の提出だった。

野口は当時の心境を振り返る。

「誓約すれば、関係会員に無実の罪を着せ、学生部首脳の不正を隠すことになる。こんなやり方は容認できない」

悩んだ末に提出を拒んだ。「世間では『清濁併せのむ』ことが度量のようにいわれるが、信仰の世界で〝濁〟はのんではならない」。池田の言葉が決断の支えとなった。

3人は、監査委員会の結論を了承した会長の原田稔らに対話を求めたが、受け入れられなかった。しばらくして地方転勤を言い渡され、本部から遠ざけられた。

その後も幹部に手紙やメールを送付、電話するなどして対話を求めたが、これらの行為が「執拗に面談要求を繰り返し、業務の遂行を著しく妨害した」（学会）とされ、懲戒解雇処分が下された。14年には学会そのものも除名になり、解雇無効を求めた訴訟では昨年10月に敗訴が確定した。

解雇後の3人が「今必要なのは学会員一人一人が学会の問題を自分の問題として捉えること」（小平）と考え、主催した6月4日の集会には、慶應義塾大学名誉教授の小林節を講師に招いた。

小林は今の学会を「権力の魔性」に取りつかれた「宗教官僚組織」と指摘し、3人には「巨大化し官僚化した組織と戦うこと自体がエネルギーの無駄」だと説いた。その上で、自分が正しいと信じる「池田教」を発足させるという、いわば学会外での〝宗教改革〟を勧めた。

だが、3人は「内部からの宗教改革」にこだわる。15年12月から信濃町の学会本部前でサイレントアピールを定期的に開催し、現役の学会員に参加を呼びかけている。

「今の学会や公明党は池田先生の教えに背いている」との疑念を抱くのは、3人だけではない。

16年6月5日、東京・国会議事堂前では安全保障関連法の廃止を求める抗議行動が行われていた。労働組合や日本共産党系の団体ら約4万人の群衆の中に、学会のシンボルである三色旗を掲げたグループがいた。

埼玉県から駆け付けた河嶋暁久は、約30年前に折伏を受けた学会員だ。貧困問題に取り組んでいたが、公明党が生活保護基準の引き下げに賛成したことに疑問を感じた。自公政権への抗議行動に参加し続ける河嶋は「学会も公明も今の執行部がおかしい」と憤る。

創価大ＯＢの竹原弘樹は「創価大学有志の会」を立ち上げ、池田の「理念」に従い、安保関連法の反対署名を募る。約２０００筆が集まり、学会員から「勇気ある行動に感謝」との声が寄せられた。

官僚集団と化したカリスマ不在の創価学会

17年7月に施行された、「共謀罪」の趣旨を盛り込んだ改正組織犯罪処罰法をめぐっても、創価学会を支持母体とする公明党が法案に賛成したことに対し、学会員の疑念が噴出した。

学会の初代会長・牧口常三郎は戦時中、治安維持法により逮捕され、獄死している。学会員の間では「平成の治安維持法といわれる共謀罪法を認めるわけにはいかない」との声は根強く、実際に公明党は過去の共謀罪法案の審議では反対してきた経緯がある。

公明党は今回「テロなどの組織的犯罪を未然に防ぐために必要」とし法案賛成に回ったが、学会内部の亀裂がより深まる要因となっているようだ。

小平、滝川、野口の3人は17年に入り、九州や関西など各地で学会員らの「座談会」を開催。その参加者は回を重ねるごとに増えているといい、小平は「共謀罪法の審議が進む中で、今の学会や公明党はどこかおかしいと多くの学会員が気付き始めている」と話す。

座談会では、今の学会や公明党がいかに池田の教えから乖離しているかということを、学会員らが体験などを通して語り合う。「現在起こっている、戦争につながる国粋的な動きや偏狭な思想には反対する責任がある。反対せず、行動せず、沈黙することは消極的な支持である」。こうした池田の教えに忠実に従い、参加者らは学会に〝ノー〟を突き付けているのだ。

歴史をさかのぼれば、学会を離反し、外から池田や学会を批判した者は数多くいた。それでも学会が求心力を維持し続けたのは、池田という絶対的カリスマの存在があったからに他ならない。

今、学会を批判している者たちは、池田の熱心な信奉者たちだ。彼らが信じるのは、現在の学会執行部ではなく、池田の言葉である。

カリスマなき後の学会は、集団指導体制への移行や教義変更など組織改革を推し進めているが、リーダーシップの欠如は否めない。

安保関連法や改正組織犯罪処罰法への賛成は、政権与党であり続けることを選択した執行部の判断ともいえる。

だが池田の熱心な信奉者からすれば、信仰の理念を捨てて自民党に擦り寄ったと映る。それは「ごく少数の不満分子にすぎない」（学会幹部）のかもしれないが、彼らを納得させるだけの言葉を今の学会は持ち合わせているのだろうか。

（敬称略）

3分で分かる学会のジョーシキ

創価学会の本部がある東京・信濃町を歩くと、街の至る所で、青、黄、赤の3色を配した旗を見掛ける。

ルーマニア国旗と間違えてしまいそうだが、学会員ならば、それが創価学会のシンボルである三色旗だとすぐに気付くだろう。青色は平和、黄色は栄光、赤色は勝利を表している。

創価学会については、その規模と影響力の割に意外と知られていないことが多い。インターネットの世界では一方的な批判やゴシップがあふれているが、明らかな誤解や無理解も混在する。

国内人口の2～3％程度とされる創価学会員とは、ご近所や職場で知り合うことも少なくない。無用なトラブルを避けるためにも、絶対に知っておきたい創価学会の常識を基本編、政治編、信仰編に分けて紹介する。

基本編

創価学会の創立日は、牧口常三郎初代会長の『創価教育学体系』第1巻が発行された日で、当初は教育改革の推進が主目的だった。宗教法人として創価学会が認可されたのは1952年。会長は儀式行事の主宰、主要幹部の任免などの会務があり、これを補佐するナンバー2が理事長だ。池田大作名誉会長は「広宣流布の永遠の師匠」と位置付けられている。

機関紙「聖教新聞」の公称発行部数は讀賣、朝日に次ぐ規模で、毎日や日経より多い。公表されている会員数は2005年から変動しておらず、実際に活動している熱心な学会員は200万～300万人程度とみられている。

創価学会ってこんな組織

本部所在地	東京都新宿区信濃町32番地
創立日	1930年11月18日
名誉会長	池田大作
会長	原田 稔
理事長	長谷川重夫（宗教法人創価学会代表役員）
会員数	827万世帯（公称）
青年部員数	男子部275万人、女子部168万人（公称）
主な機関紙	聖教新聞（公称発行部数550万部）

政治編

創価学会が初めて国政に進出したのは、56年の参議院選挙。6人の推薦候補を立てて3人の当選を果たした。61年には公明政治連盟を発足させ、その3年後に公明党が結党された。この時代、学会は都市部に住む地方出身の低所得者層を中心に会員を増やし、急速に勢力を拡大。こうした層を支持基盤に学会員を政界に送り込み、福祉政策などを実現した。

69年に言論出版妨害事件が発覚し学会は政教分離を明言したが、学会が公明党を支援する関係は変わっていない。選挙となれば学会員が、公明党に投票してくれる非学会員の有権者「F（フレンド）票」獲得に奔走する。

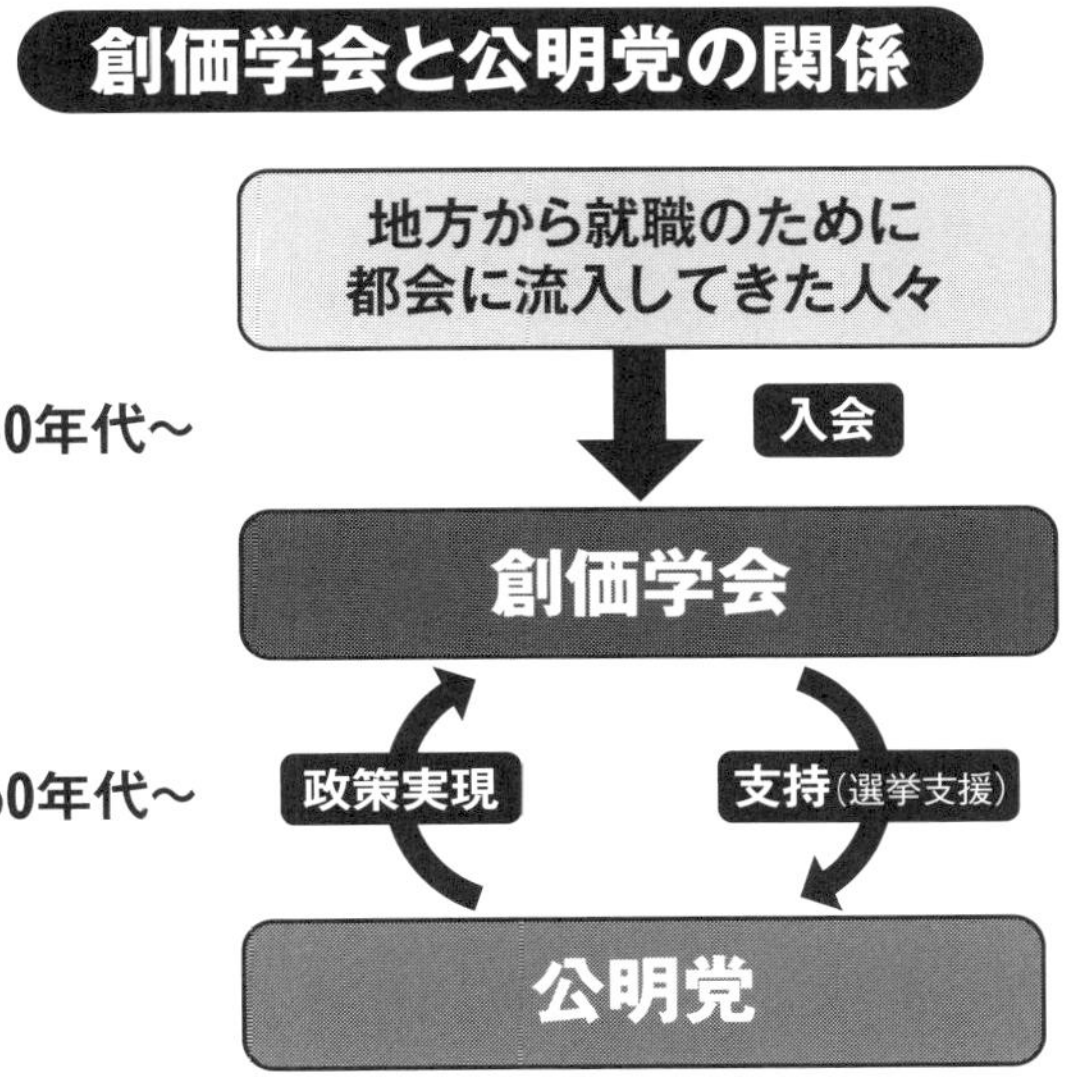

創価学会は、静岡・富士宮市の大石寺を総本山とする日蓮正宗の在家団体だったが、「宗門戦争」で激しく対立し91年に破門された。以来、独自の「ご本尊」を会員に配布している。

そのご本尊に朝晩向かい、最高経典である法華経方便品と寿量品の自我偈を読経し「南無妙法蓮華経」という題目を唱えるのが学会員の日課だ。学会は入会希望者に対し、こうした勤行・唱題の実践、聖教新聞の3カ月以上の購読、学会員が実践を報告し合う定例座談会への2回以上の参加を求めている。また、知人らに入会を勧める「折伏《しゃくぶく》」も重視され、その拡大を目指している。

新宗教の認知度ランキング

順位	宗教名	認知度(%)
1	創価学会	88.6
2	天理教	78.0
3	幸福の科学	75.1
4	世界平和統一家庭連合(統一教会)	56.4
5	立正佼成会	54.9
6	ものみの塔聖書冊子協会(エホバの証人)	50.1
7	生長の家	46.5
8	パーフェクトリバティー(PL)教団	39.9
9	金光教	35.8
10	霊友会	31.4

*週刊ダイヤモンド編集部が2010年10月に満20才以上の男女1000人を対象に実施したインターネットアンケートを基に作成

東大・早大閥が実権を握った「ポスト池田体制」の権力構造

ポスト池田体制の確立が急務の創価学会。だが、本部中枢の〝奥の院〟では最高幹部の主導権争いが繰り広げられてきた。カリスマ不在の故に起きた権力闘争は、分裂の引き金となるか。

東京大学卒の元公明党参議院議員、福本潤一は池田大作の人事手法を次のように語る。

「次の会長は○○だな、いや△△かな、とあえて発言し、実力者同士を競わせる。そうやって互いにけん制させ、自分の絶対的権力を保持し続けた」

例えば事務総長時代の原田稔（現会長）と青年部長時代の野崎勲（後に副会長、故人）という、東大卒と京都大学卒の学閥トップを競わせた。その上で自身の後継者を明確に指名しなかったという。

近年、創価学会の次世代リーダーとしてライバル関係にあったのが、1954年生まれの創価大学卒、正木正明と、正木より2歳下で東大卒の谷川佳樹だった。

創価大閥が勝てない訳

学会関係者の創価大OB評

▼国立大OBの元学会幹部

「創価大OBは名誉会長のチルドレン。死に体の名誉会長に頼っているので実権がない」

「人はいいけれど頭が切れる人は皆無。乱闘死闘もやったことがない。権力闘争でやられたらやり返すエネルギーを持っていない」

▼創価大OBの学会関係者

「東大・京大OBは政治家や経済界とのつながりが強い。一方、創価大OBは友人が少ない。学生時代、信仰していない人がいたら折伏する。嫌われるのは当然」

「まともな友人としての交流を抜きに社会に出ても通用しない。純真で世間知らず。せいぜい中堅幹部までしか出世できない」

▼私大OBの学会本部職員

「創価大の理想主義に対し、他大出身は現実主義。創価大OBに何とか頑張ってほしいという思いはある」

「創価大OBの中には、変に劣等感を抱く人もいる。その思いが彼らの仲間意識を強め、閉鎖的なグループをつくってしまうケースもある」

学会本部では、新卒採用の7割程度を創価大卒が占めるとされ、創価大卒は本部人材の圧倒的マジョリティーだ。正木は創価大閥の頭目的存在として理事長に君臨し、最近まで病床の池田への面談を許された、ごく限られた最高幹部の一人だったとされる。

一方、谷川を引き上げたのは、東大の先輩である原田だ。「原田会長など東大出身の幹部が力を入れたのは東大生の勧誘。優秀なテクノクラートとして〝キャリア組〟を増やし、東大閥の中心に据えたのが谷川だった」。福本はそう証言する。

谷川は、菅義偉官房長官とのパイプ役を担う副会長の佐藤浩に指示し、自公協力路線を推し進めたとされる。「学会と公明が安保法制容認に傾いたのは、谷川派が実権を握った証左だ」。多くの学会ウオッチャーはそう分析する。

正木氏は降格 谷川氏が 会長候補筆頭に

池田が創立した創価大の卒業生について、ある職員は「理想主義者が多い」と話す。一方、東大を筆頭とする他大卒は現実主義で実務に定評がある。その他大卒が台頭し、主導権を握ったのが2015年11月17日、学会創立85周年記念日の前日のことだ。

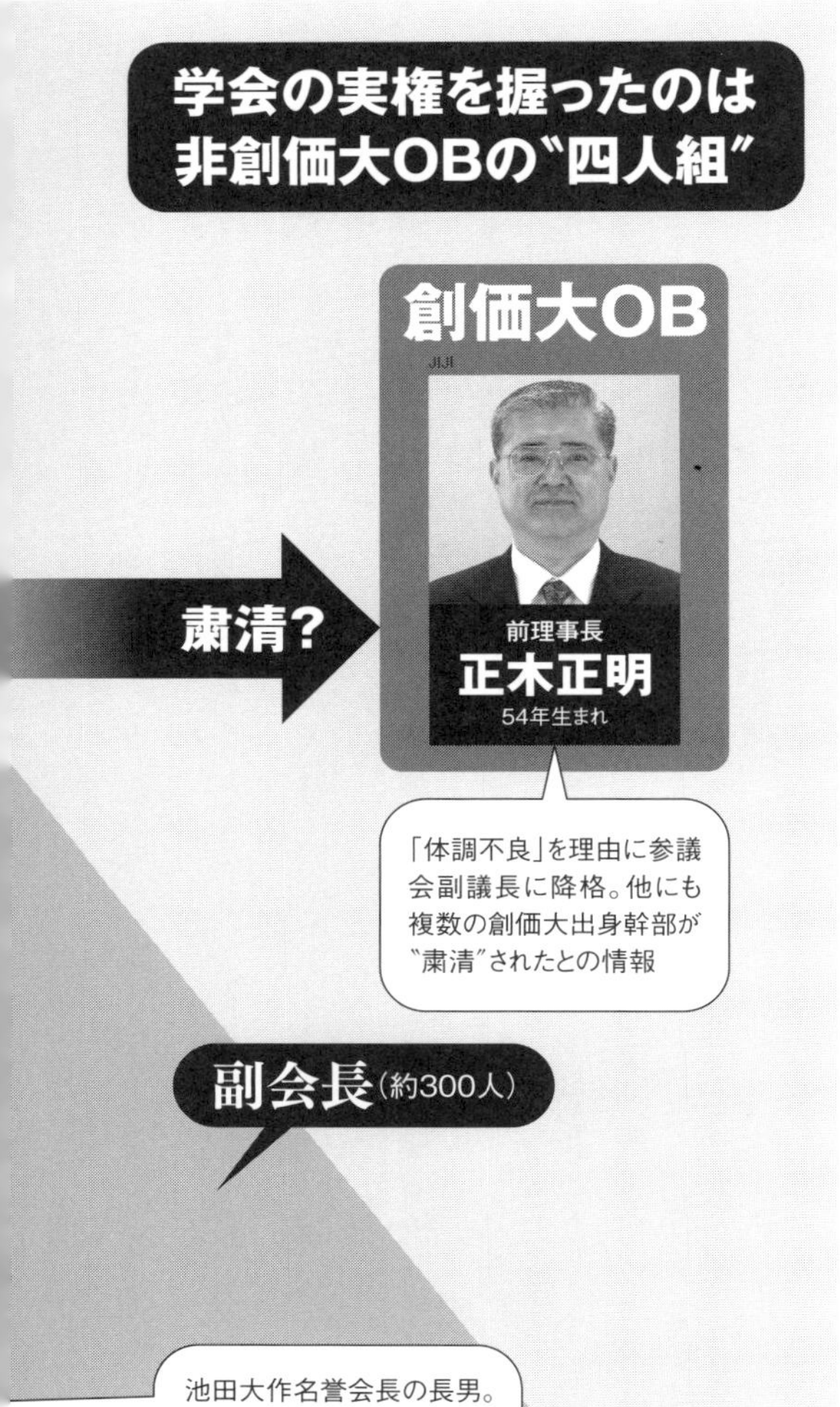
学会の実権を握ったのは
非創価大OBの〝四人組〟
創価大OB
JIJI
前理事長
正木正明
54年生まれ
粛清？
「体調不良」を理由に参議会副議長に降格。他にも複数の創価大出身幹部が〝粛清〟されたとの情報
副会長（約300人）
池田大作名誉会長の長男。
慶應大卒

この日、東京・信濃町の学会本部別館で会長選出委員会が開かれ、原田の会長3期目再任が決定。そして正木は理事長を退き、会長の諮問機関にすぎない参議会副議長という閑職へ〝更迭〟されたのだ。

学会幹部は更迭説を「単なる体調不良」と否定するが、正木の病状は明らかにされていない。新任理事長には、正木より13歳年上で庶務畑が長い長谷川重夫が就き、世代交代ならぬ

"四人組"
kyodonews/amanaimages
前会長
秋谷栄之助
1930年生まれ
早大OB
JIJI
原田 稔
41年生まれ
東大OB
顧問弁護士
八尋頼雄
事務総長
谷川佳樹
56年生まれ
会長
理事長
長谷川重夫
41年生まれ
主任副会長
SGI理事長
大場好孝
42年生まれ
"右腕"
総務会議長
山本 武
43年生まれ
壮年部長
萩本直樹
53年生まれ
佐藤 浩
聖教新聞社代表理事
原田光治
43年生まれ
総東京長
金沢敏雄
53年生まれ
菅義偉官房長官との
パイプを持つ
"選挙参謀"
東京・杉並総区総主事
石嶋謙二
49年生まれ
SGI副会長
池田博正
53年生まれ

＊2016年6月時点

世代〝後退〟となった。

一方、谷川が就いたのは、新設ポストの主任副会長だ。計8人の主任副会長には、池田の長男で創価学会インタナショナル（SGI）副会長の博正、SGI理事長の大場好孝らが就任したが、年齢や実績などから、谷川が次の会長候補筆頭とみられる。

原田、谷川、前会長の秋谷栄之助、そして顧問弁護士グループの重鎮である八尋頼雄。東大卒と早稲田大学卒の実務型エリートたちは〝四人組〟と呼ばれ、学会の実権を握ったもようだ。

創価大のOBは権力の中枢から外れ、池田が望んだ学閥の均衡状態はもろくも崩れ去ったのである。

人事発表があった翌日、18日付の「聖教新聞」は、「三代会長の精神と実践を永遠に継承」との見出しで、新体制の発足を報じた。

その正当性を誇示するかのように、同月、都内で撮影したとする池田と、夫人・香峯子のツーショット写真が1面に掲載された。韓国・慶南大学から贈られたという「名誉教育学博士号」のローブを着た池田の頬は痩せこけ、どこかうつろなまなざしだ。そこには、かつて人事を掌握し「絶対的権力を保持し続けた」男の面影はなかった。

（敬称略）

極秘資料で浮かぶ学会執行部主流派の「世界宗教化」への野心

創価学会本部が教義や会則の変更などの改革を矢継ぎ早に実行している。その真意を探っていくと、歴史的な転換点に立つ学会のある野心が透けて見える。

手元に1枚の資料がある。創価学会本部の事務組織が記されている。学会が公表している組織図（118～119ページ参照）は、「男子部」「婦人部」「壮年部」「学生部」といった一般の学会員が属する組織の位置付けを示したもので、本部の事務組織図が表に出ることはない。

その事務組織図には、企業のそれではあまり見ることのない部署名が並んでいた。

名誉会長の黒子役として動くエリート側近部隊の「第1庶務局」、学会員向けに名誉会長のメッセージを伝える「会員奉仕局」――。そのいずれもが、公称827万世帯という巨大

学会本部㊙組織図 創価学会本部事務組織図

＊一部省略、2016年時点の組織図で、一部改組前の部署名あり

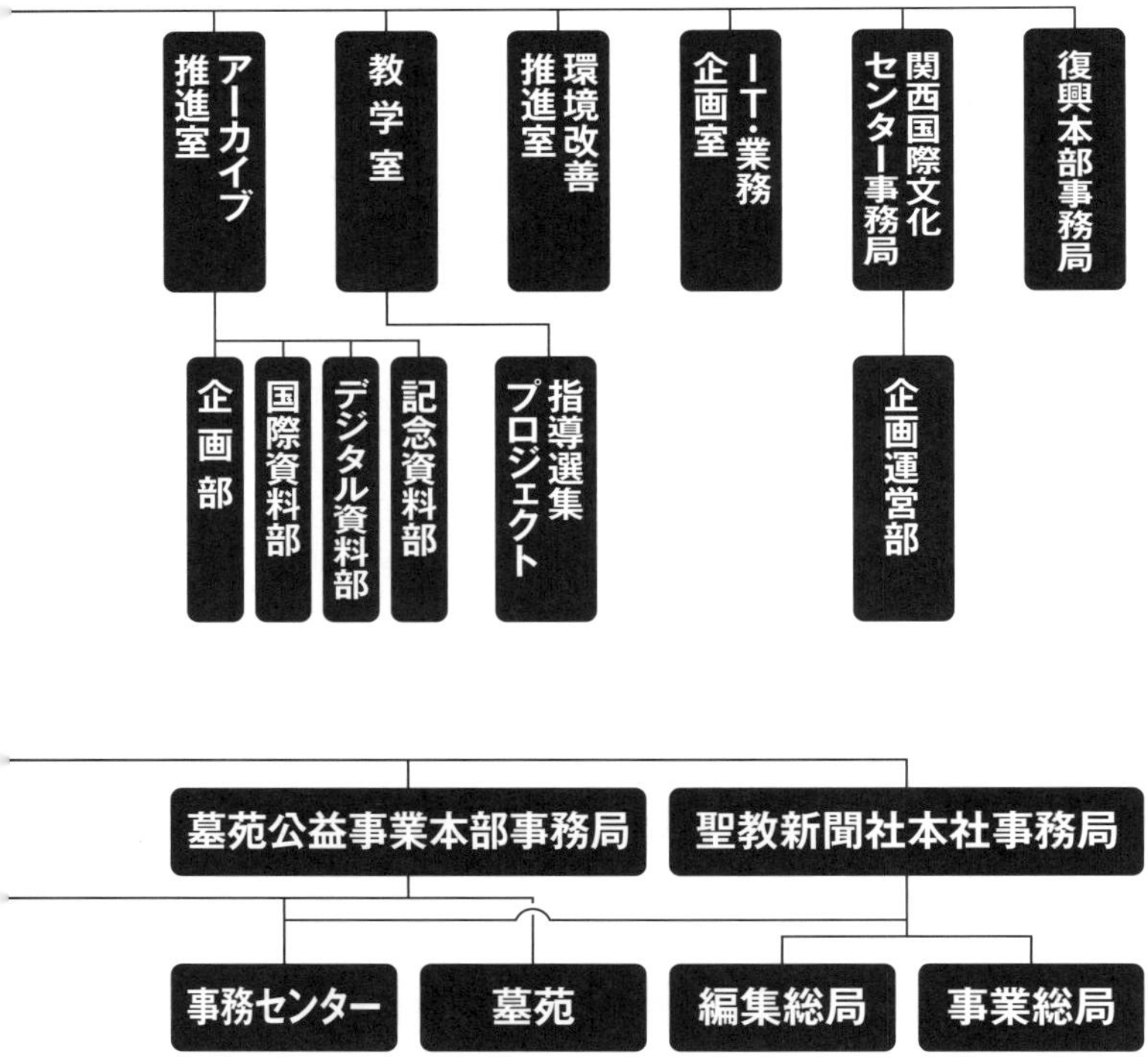

初公開!

学会ウオッチャーも知らない

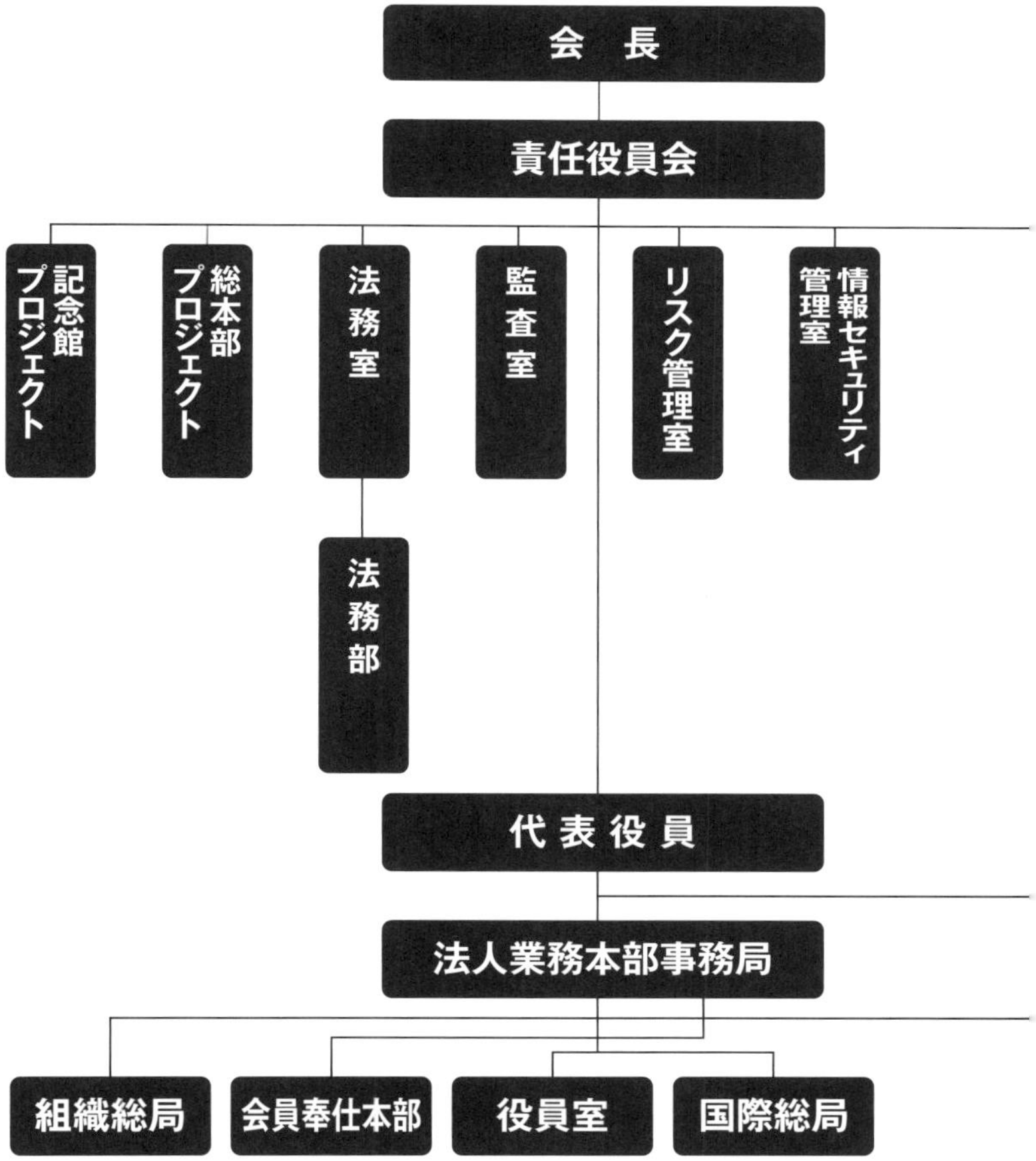

役員室

第1庶務局は名誉会長の黒子役
として動くエリート側近部隊

- 第1庶務局
  - 第1庶務部
- 役員室事務局
  - 総務第1部
  - 総務第2部
  - 法人企画部
- 広報室
  - 広報部
  - 渉外部

国際総局

国際室から国際総局へと改組され、
平和運動局などが加わった

- 国際渉外局
  - 渉外第1部
  - 渉外第2部
  - 国際出版部
- 国際広報局
  - 国際広報第1部
  - 国際広報第2部
  - 国際広報第3部
  - 国際広宣部
- 翻訳局
  - 聖典翻訳部
  - 出版翻訳部
  - 国際通信部
- 平和運動局

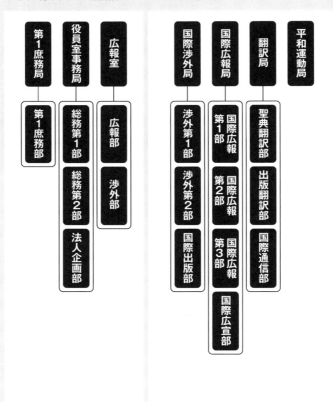

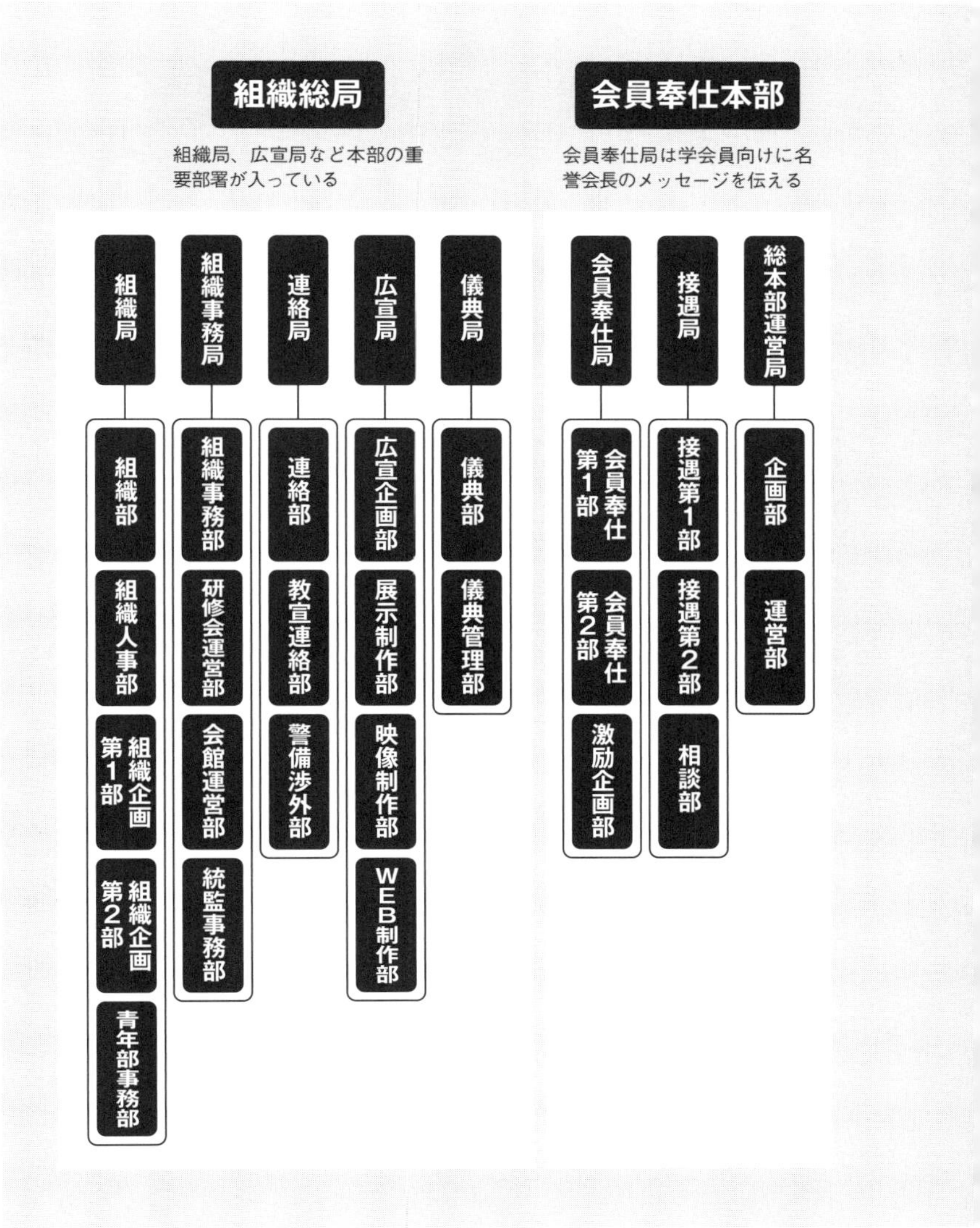
組織総局
組織局、広宣局など本部の重要部署が入っている
会員奉仕本部
会員奉仕局は学会員向けに名誉会長のメッセージを伝える
組織局
組織部
組織人事部
組織企画第1部
組織企画第2部
青年部事務部
組織事務局
組織事務部
研修会運営部
会館運営部
統監事務部
連絡局
連絡部
教宣連絡部
警備渉外部
広宣局
広宣企画部
展示制作部
映像制作部
WEB制作部
儀典局
儀典部
儀典管理部
会員奉仕局
会員奉仕第1部
会員奉仕第2部
激励企画部
接遇局
接遇第1部
接遇第2部
相談部
総本部運営局
企画部
運営部

編集総局

公称550万部の機関紙「聖教新聞」を
発行する「信心の語り手」

事業総局

部数を管理する計数部やデジタル書
籍部などさまざまな部署が同居する

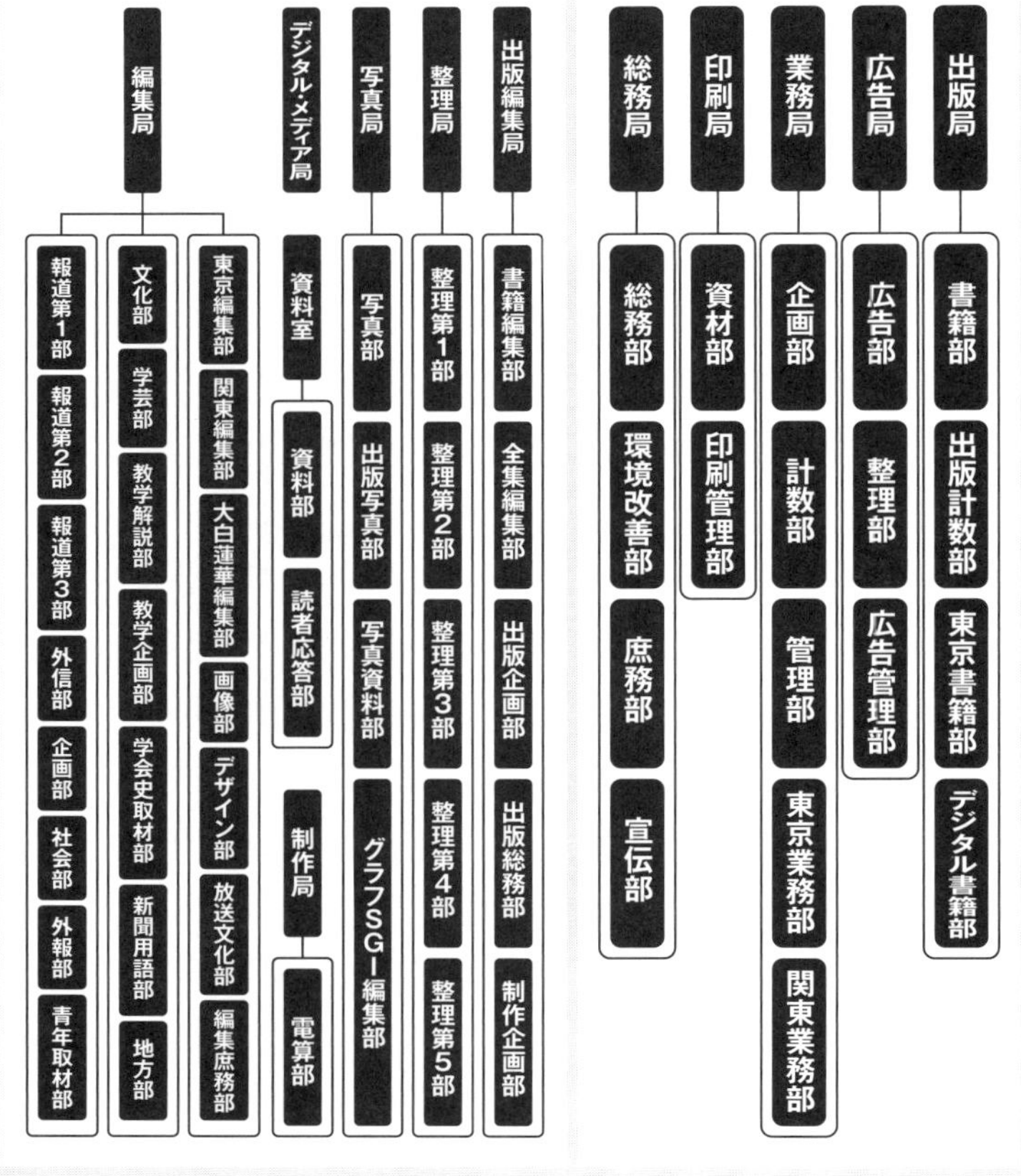

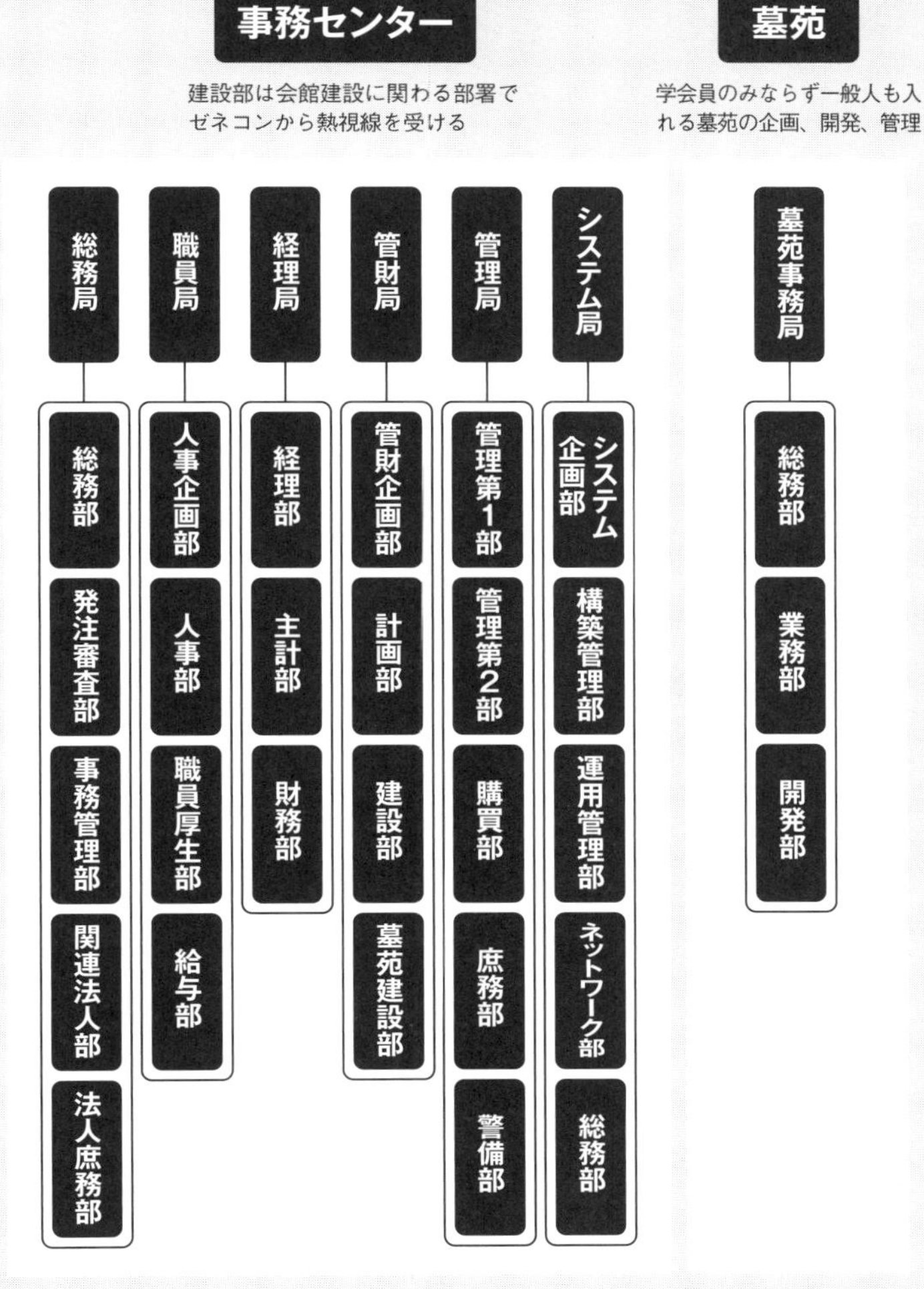
事務センター
建設部は会館建設に関わる部署で
ゼネコンから熱視線を受ける
総務局
総務部
発注審査部
事務管理部
関連法人部
法人庶務部
職員局
人事企画部
人事部
職員厚生部
給与部
経理局
経理部
主計部
財務部
管財局
管財企画部
計画部
建設部
墓苑建設部
管理局
管理第1部
管理第2部
購買部
庶務部
警備部
システム局
システム企画部
構築管理部
運用管理部
ネットワーク部
総務部
墓苑
学会員のみならず一般人も入
れる墓苑の企画、開発、管理
墓苑事務局
総務部
業務部
開発部

組織のかじ取りを担う中枢部門だ。

近年、この本部中枢に異変があった。「国際局」「国際広報局」「翻訳局」を統括していた「国際室」が「国際総局」に改称されたのである。傘下には新たに「平和運動局」などの部署も増え、事実上の国際部門の格上げといえる。

こうした国際部門の組織拡充は、執行部主流派が進めようとしている、「歴史的転換」の布石として読み解けばふに落ちる。この意味を理解するには、まずは学会を取り巻く環境変化を理解する必要があろう。

国内低迷と海外躍進
学会のジレンマは
日本企業と重なる

日本国内は人口減少社会に突入し、創価学会をはじめとした多くの宗教団体は今、信者数の伸び悩みと少子高齢化という共通課題を抱えている。

その波は学会にも容赦なく押し寄せている。もともと学会は高齢者が多く、若年層が少ない逆ピラミッド型の会員構成とされる。組織内部の高齢化が進み、新規入会者も頭打ちとなれば、組織の活力低下は避けられない。

一方で海外に目を向けると、事情は全く異なる。

2015年にはイタリアSGIが、イタリア政府と宗教協約（インテーサ）を結び、現地においてさまざまな特権が認められるようになった。「インドでも昨年だけで青年層が劇的に伸びている」（学会幹部）。学会本部によれば、海外の会員数は約175万人を超えるとされる。

国内の低迷と海外の躍進──。今の学会のジレンマは、2000年以降に頭打ちの国内に見切りをつけ、海外進出を加速させてきた日本企業のそれと重なる。

こうした日本企業には、進出先の国々で幾つもの壁が立ちはだかった。その一つが意識の差などからくる本部と現地との摩擦だ。

現地に派遣された駐在員が現場の意見を無視して、本部の意向ばかりを忖度した結果、海外事業が失敗した企業の事例は枚挙にいとまがない。

すでに同じことが創価学会インタナショナル（SGI）でも起こっているのかもしれない。

SGIの事情に詳しい学会関係者は、「欧州のトップに学会本部から派遣された人が就き、和気あいあいとしていた組織を、日本的組織にしようとしている」との見方を示した。

海外には、日本の学会本部のこうした方針に同調しないSGI幹部もいて、「もし名誉会長がいなくなってしまったら、海外のＳＧＩが暴走して、歯止めが利かなくなるリスクがある。その前に手を打たなければ……」。本部中堅幹部は危機感を募らせている。

突然の教義変更
その真の狙いは
学会の「世界宗教化」

そんな中で、執行部主流派がひそかに進めていたのが、「日蓮世界宗」の立ち上げと、その会則に相当する「会憲」の制定だとされる。

日蓮世界宗のトップに就くのはもちろん日本の創価学会会長。さらに、会憲によって独立色の強い各国のＳＧＩへの指導力を強める算段だったもようだ。

それを裏付けるように、学会が「日蓮世界宗」および「日蓮世界宗創価学会」（63㌻上写真）という商標を登録していたことが明らかとなった。

内部からの反対などもあって結局、日蓮世界宗の旗揚げはまだ実現していないが、ここ数年、その地ならしが着々と進められてきた。

２０１４年には、教義の変更にも踏み切っている。

学会がそれまで信じてきた日蓮正宗の総本山「大石寺」（静岡・富士宮市）の本尊を信仰

学会総本部がある東京・信濃町の北に位置する左門町の創価学会インタナショナル（SGI）本部

出所：創価学会アニュアルレポート2015

の対象にするのをやめ、新たな本尊を総本部の「広宣流布大誓堂」（東京・信濃町）に安置したのだ。

前出の本部中堅幹部はこの狙いについて、「さまざまな文化的背景が混在する海外で、創価学会を普及させるには普遍性が不可欠。がんじがらめの古い考えから脱却するため、教義の近代化を図った」と解説する。

また、学会本部も「当会の宗教的独自性をより明確にし、世界広布新時代にふさわしいものとするため」との見解を示した。

教義変更から浮かんでくるのは、「創価学会の世界宗教化」という何とも野心的な「歴史的転換」である。

突然の本尊の変更に、古参の学会員らから反発が出るなど物議を醸したが、執行部は世界宗教化のためなら、一定数の学会離脱はやむなしと割り切っている節がある。

SGIとの共存で信濃町が世界聖地になる日は来るのか

ただ、日本の創価学会が権力を握ったままでの世界布教には不安もある。

創価学会はどこへ向かおうとしているのか？

創価学会が進める会則改革

❶ 創価学会がそれまで信じてきた日蓮正宗の総本山「大石寺」（静岡・富士宮市）の本尊を信仰の対象にするのをやめ、新たな本尊を総本部（東京・信濃町）に安置した。

❷ 池田大作名誉会長ら「三代会長」を「広宣流布の永遠の師匠」とすることを明記した。

会則変更に関する創価学会のコメント

❶ 「当会の宗教的独自性をより明確にし、世界広布新時代にふさわしいものとするためです」

❷ 「世界広布の伸展の時代的要請に応えるため、日蓮大聖人の仏法の本義に立ち返って、従来の教義解釈を整理したものです 」

創価学会の商標登録

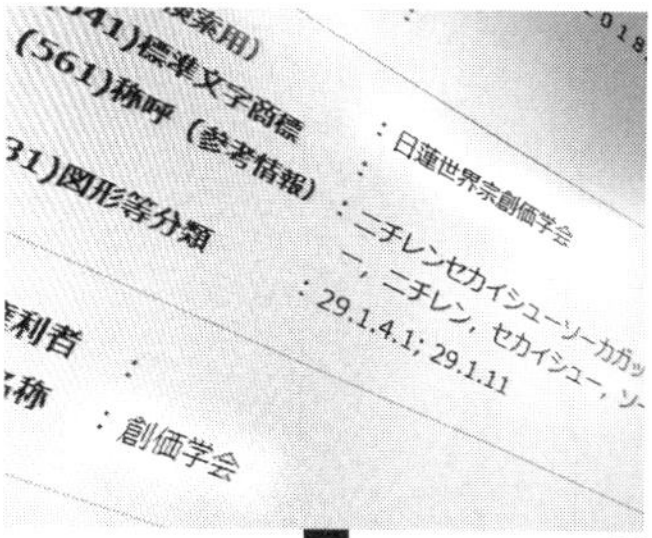

K.Y.

「日蓮世界宗創価学会」の商標登録に関する創価学会のコメント

「将来の世界広宣流布を展望したものです」

透けて見える「世界宗教化」への野心

というのも、SGIには国ごとの色があり、例えば、「ドイツは炭鉱労働者、フランスは主婦、英国は雑多な層、東欧は政治的に虐げられた層」(SGI関係者)といった具合に中心層が異なり、それぞれ独自の発展を遂げてきた。

また、海外で最多の学会員がいる韓国はリーダーシップを取りたがる幹部が多く、手綱を取るのは一筋縄ではいかないだろう。

「信濃町」への権力の一極集中に違和感を覚えるSGI関係者も少なくない中で、強引な改革を強行した場合、新宗教によく見られる「分裂」という不幸な結末を迎えることにもなりかねない。

企業が海外展開で成功する秘訣の一つに、「現地への権限移譲」がある。もちろん企業と宗教団体ではガバナンスの構造が大きく異なり、一概には言えないが、過度な締め付けをするようでは、学会本部が掲げる「世界広宣流布」(世界に教義を広げること)の実現はおぼつかない。むしろ内部崩壊を加速させるだけだろう。

逆に、学会執行部がSGIとの対等な共存関係を築くことができれば、総本部の「広宣流布大誓堂」は世界中の信者が集う巡礼地となり、信濃町自体も世界的な聖地となっているかもしれない。

信濃町の学会総本部。「世界宗教化」の実現で各国から学会員が集まる巡礼地となるか　K.Y.

挫折から生まれた池田伝説こうして王国はつくられた

創価学会が巨大組織になり得たのは名誉会長、池田大作の手腕によるところが大きい。彼が歩んだ半生は、まさに学会の発展史そのものである。

羽田空港に近い東京・大田区の臨海部。戦前は砂浜が広がり、ノリの養殖が盛んな場所だった。1928年、池田大作はこの地でノリ製造業を営む一家の五男として生まれた。

小学校2年生のとき、父がリウマチで寝たきりとなった。生活は困窮し、池田は家業の手伝いや新聞配達をして家計を助けた。結核で病床に伏すことも多く、第2次世界大戦では出征した長兄を亡くしている。

生活の困窮、病、そして戦争の恐怖という10代の原体験が、その後の人生を決定付けたであろうことは想像に難くない。

敗戦後の荒廃と虚脱の中で、池田は後の創価学会第2代会長、戸田城聖と出会う。

戸田は北海道での教員生活を経て上京し、牧口常三郎と共に「創価教育学会」を創立した人物だ。

戦時中に検挙され、2年間の獄中生活の後に出獄してからは、創価教育学会を創価学会と改称し、再建に取り組んでいた。

池田はその人格に引かれて学会に入会したといい、当初は「宗教そのものには抵抗があった」と後に語っている。それでも夜間学校に通いながら学会の座談会などに参加し、戸田が経営していた出版社「日本正学館」で働き始める。

少年時代から「新聞記者か雑誌記者になりたい」(「日本経済新聞」コ

提供:朝日新聞社

反逆のカリスマ

第2代会長 **戸田城聖**

1900年、石川県生まれ。牧口に師事し、創価教育学会の理事長に。戦時中は獄中生活を強いられ、出獄後に「創価学会」と改称。48年に3000人だった信者数を10年間で100万世帯近くに急拡大させた。58年4月2日死去。

提供:朝日新聞社

創価の厳父

初代会長 **牧口常三郎**

1871年、新潟県生まれ。教職を経て1930年11月18日に「創価教育学会」(創価学会の前身)を創立。宗教・思想の統制が図られた軍政下、治安維持法違反容疑で検挙・投獄され、44年11月18日、獄中で死去した。

ラム「私の履歴書」）という夢を抱いていた池田は、日本正学館で少年雑誌の編集に携わるが、売れ行きは芳しくなかったようだ。雑誌は廃刊となり、戸田が新たに参入した信用組合も負債を抱えて業務停止となってしまった。通っていた大世学院（後の東京富士大学短期大学部）の夜間部も中退を余儀なくされ、このころの池田は挫折の連続だった。

池田が学会で頭角を現していくのは、戸田が顧問を務める大蔵商事の営業部長に就いてからだ。今でいう消費者金融で、当時22歳の池田は資金調達や債権の取り立てに辣腕を振るったという。

戸田の信頼を得た池田は、本部の青年部を経て参謀に抜てきされる。心機一転を図ってか、本名を「太作」から「大作」に改名したのはこのころだ。学会は56年の参議院選挙に推薦候補を送り込み、池田は大阪地方区の最高責任者として白木義一郎を当選させた。

日本経済の高度成長期に差し掛かったこの時代、学会は都市部で急増していた地方からの流入者らを勧誘し、55年に30万世帯、57年に76万世帯と急速に会員数を伸ばしていった。

57年の参院大阪地方区補欠選挙で、池田は公職選挙法違反容疑で逮捕されたが、後に無罪判決が下る。この大阪事件は結果として池田に「箔を付けた」（学会関係者）ことになる。

戸田の死後、池田は32歳の若さで学会の第3代会長に就任した。64年に公明党を結成。69年に発覚したのが、言論出版妨害事件だ。

信者数を急増させた池田氏の半生

年	出来事	信者数
1928年	現在の東京都大田区でノリ製造業を営む一家の五男として生まれる	
47	創価学会の座談会で戸田城聖氏（後の第2代会長）と出会い、入会	
48	大世学院（後の東京富士大学短期大学部）に入学	
52	青年部の参謀となる。白木香峯子氏と結婚	
53		公称信者数3,000人
55		30万世帯
57	参院選での公職選挙法違反容疑で逮捕、起訴（62年に無罪判決）	
58		105万世帯
60	創価学会第3代会長に就任	172万世帯
61	公明政治連盟創立	
64	公明党結成z	505万世帯
65	「聖教新聞」で小説「人間革命」の連載開始	
69	言論出版妨害事件	
70	同事件を謝罪、公明党と創価学会の分離を表明	755万世帯
71	創価大学を開学	
75	創価学会インタナショナル（SGI）を創立し、会長に就任	
79	日蓮正宗との問題で創価学会会長を引責辞任。名誉会長に	
90		803万世帯
92	日蓮正宗から除名処分	
2001	アメリカ創価大学開学	
05		827万世帯
10	本部幹部会出席を最後に公の場に現れず。重病説が取り沙汰される	

＊創価学会のデータなどを基に週刊ダイヤモンド編集部作成

学会や公明党を批判する書籍の出版を妨害するため、著者や出版社に脅迫などの圧力をかけた。学会に対する世論の批判が高まり、池田は謝罪に追い込まれる。このときに政教分離の方針を表明したが、日本共産党は「政教一体の実態は何も変わらない」と批判する。

毀誉褒貶相半ばするカリスマの実像

戸田に師事した池田にとって、理想のリーダー像はやはり戸田にあったようだ。

戸田の発言として「報告が戦いだ。その代わり、インチキな報告をしたら許さない」という言葉を引用し、迅速に正確な情報を上げるよう職員に求めている。巨大組織をまとめるに当たり、情報の重要性をことのほか認識していたのだろう。

また関係者の証言から、人心掌握術に非常に長けていたことがうかがえる。

池田は自身が創立した創価大学を度々訪ね、学生にあんパンやかりんとう、牛乳を振る舞ったり、授業中の教室に不意に顔を出したりしている。

池田が主催する会食会で池田と同席したことがある非学会員の創価大ＯＢは「これだけ神格化された存在の人からプレゼントされたり、『お母さんを大事にね』と気さくに声を掛けられたりすれば、コロッと落ちてしまう。希代の人たらしだ」と話す。

慶應義塾大学名誉教授の小林節は20年ほど前に池田を訪問した際、出迎えた池田から「あなたは戦っている男の顔をしています。私も戦っている男なんです」と声を掛けられ、「ハートをつかまれた気持ちになった」と振り返る。

その半面、大勢の学会員の前で最高幹部を罵倒したり、宗門戦争で攻撃的な発言を繰り返すなど〝こわもて〟の一面も持つ。

この剛柔の落差が激しいことも、池田が毀誉褒貶相半ばする人物であるゆえんなのであろう。

（敬称略）

K.Y.

Kosuke Oneda

Part 2 完全解明 創価学会の本当の経済力

公開されている情報に限りがあるため、
創価学会のおカネに関わる全貌はベールに包まれている。
本パートではそのビジネスモデルや関連企業、
そして資産規模まで、
創価学会の本当の経済力を徹底解明する。

全国の経営者が熱い視線！創価学会マネーの最新㊙事情

創価学会内部では、現場の謀反や奥の院での主導権争いなど混乱が続いている。とはいえ、巨大組織を支える強大な資金力は健在だ。学会マネーにまつわる最新事情をお届けする。

毎年1月の仕事始め。東京・信濃町の創価学会本部には長蛇の列ができるという。

「上場企業の社長をはじめ、1日で2000人から3000人の企業トップが、原田会長や学会幹部にあいさつに来るんです」。現役の本部職員は少し自慢げに言った。まだ暗い未明から集まる社長もいるという。

それは、いかに学会の経済力が大きいかを示す一つの証左といえるだろう。

トップ同士のつながりという点では、学会の主力取引銀行として、巨額の預金を預かるメガバンクの雄、三菱東京UFJ銀行の頭取も例外ではない。

学会幹部は「年に1回程度、頭取と会長が面談しているし、専務クラスと主任副会長クラスが数カ月に1回は打ち合わせしている」と緊密な関係を強調した。

日本のトップバンク首脳までが気を使うという宗教組織。その保有資産とはいかほどなのか。学会本部に問い合わせてみたところ、「公表しておりません」（学会広報室）と素っ気ない返事だったので、週刊ダイヤモンドで徹底調査を試みた。

詳細は91ページ以降で後述するが、週刊ダイヤモンドは学会に関連する宗教施設、公益法人、墓苑などを洗い出し、資産価値を独自に推計した。

例えば、創価文化センターと本部第二別館の推定資産価値は、土地と建物の合計でそれぞれ96億円、47億円といった具合だ。全国にあるこうした関連施設を足し合わせた結果、学会の推定総資産規模は判明している分だけで、実に1兆8000億円を超えることが分かった。

これほどの資産をどうやって築き上げてきたのか。また、そもそも学会の基本的な収益構造はどうなっているのか。

77ページ図の③は学会をはじめ、真如苑、阿含宗など、代表的な新宗教のビジネスモデルを便宜上、四つに分類したものだ。学会はこの図において、「献金型」と「メディア型」のハイブリッドタイプに位置付けられる。

雑誌・書籍販売に新聞まで加えたのが、学会のビジネスモデルの特徴だろう。学会の機関紙である「聖教新聞」は公称とはいえ、全国紙の「毎日新聞」「日本経済新聞」を上回る

学会の経済力

①創価学会の収益構造

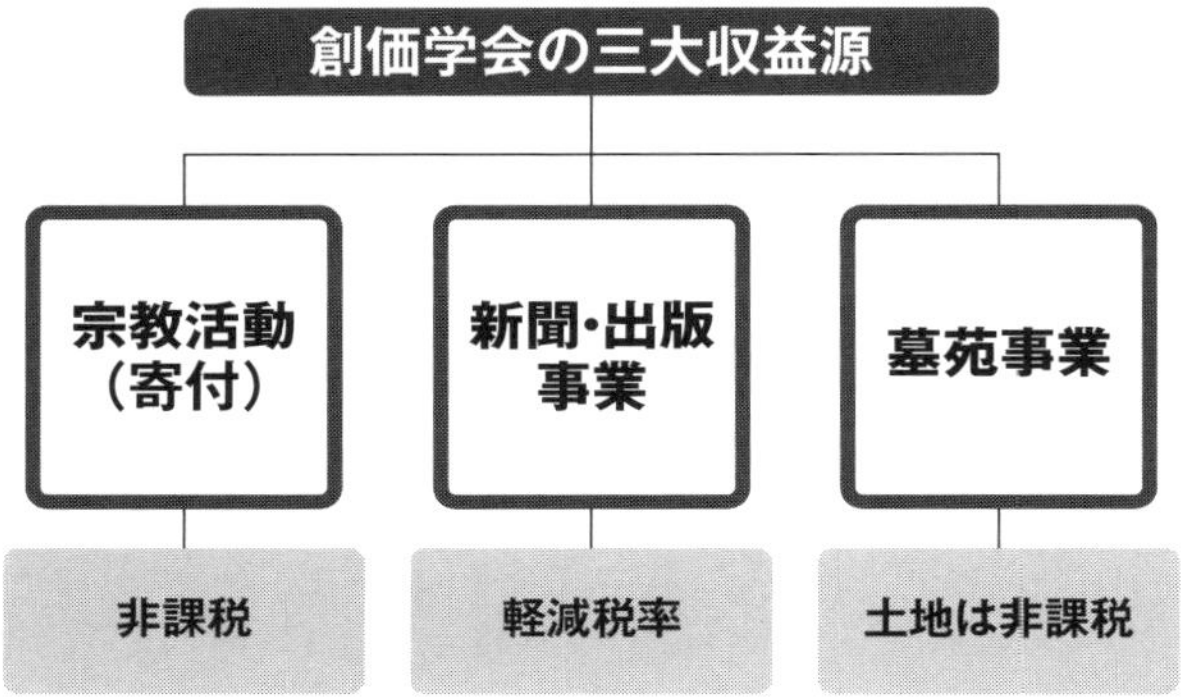

②多業種にまたがる学会の関連会社

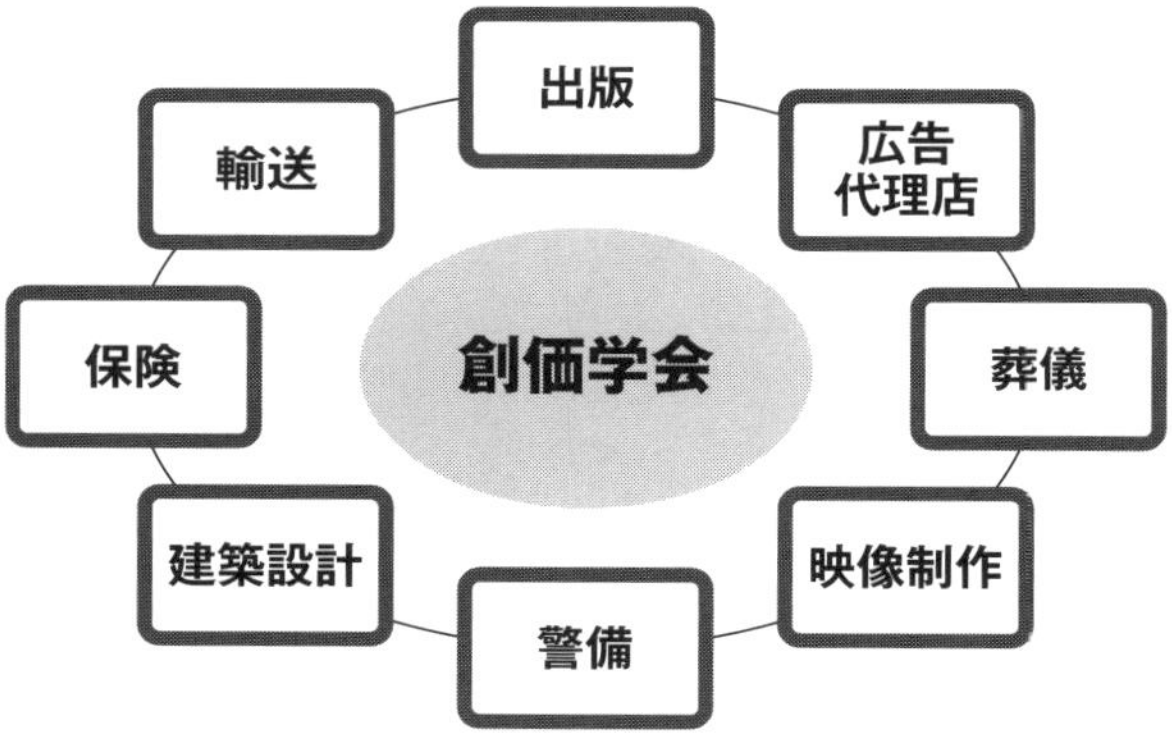

③新宗教のビジネスモデル

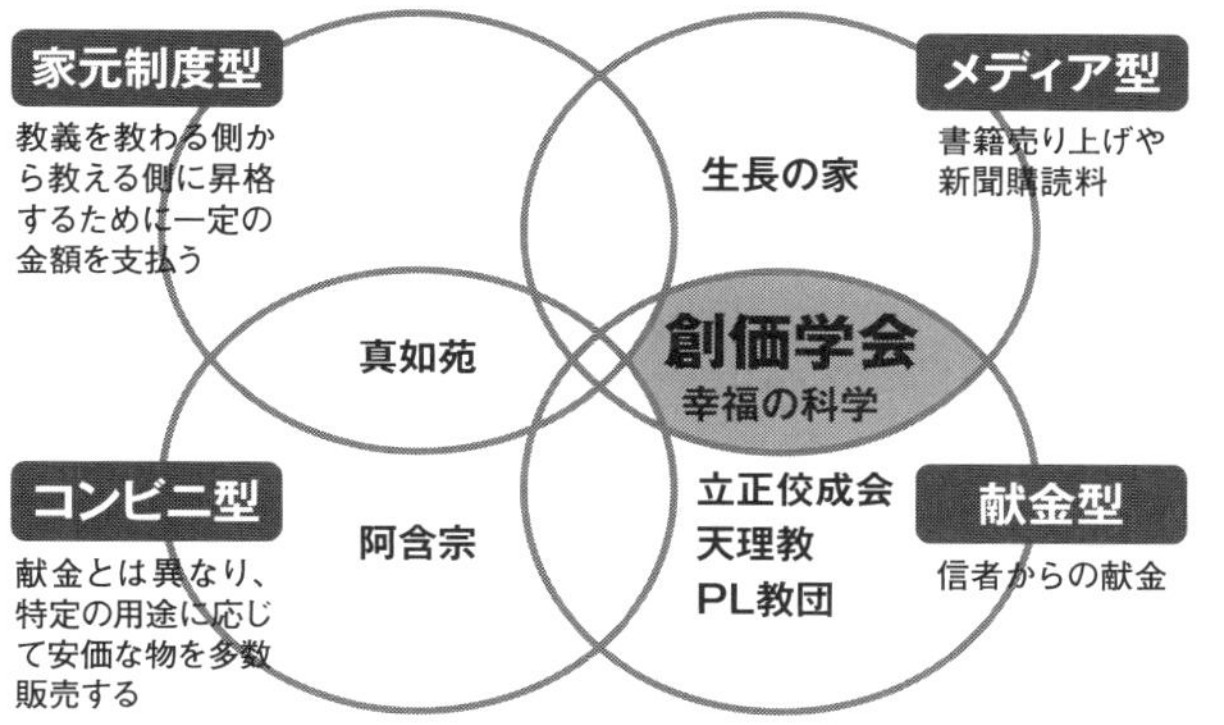

＊島田裕巳氏への取材を基に週刊ダイヤモンド編集部作成

④創価学会の推定資産価値

全国の文化会館	約9220億円
学会関連の公益法人	約4360億円
学会の墓苑	約2800億円
全国の中心会館	約780億円
信濃町と周辺の学会施設	約900億円
学会の関連企業	約310億円
合計	約1兆8400億円

550万の発行部数を誇る。購読料は1カ月1934円（税込み）なので、単純計算すると新聞事業だけで年間1000億円以上の売り上げとなる。

さらに全国の学会員からの財務（寄付）、そして独自に展開している墓苑事業を加えた3事業が学会の主な収益源となる。

数百万人規模の学会員が形成する「創価経済圏」

学会はさらに、関連企業による巨大なコングロマリットを形成している。学会系企業は聖教新聞社も含めると、判明分だけで14社（80～81ページ参照）。出版から葬儀まで多彩な事業を展開している。特筆すべきは、自己資本比率の高さだ。

映像制作のシナノ企画は何と95・4％、東西哲学書院は87・3％、信濃建物総合管理は83・7％と、8割を超えているのだ。40％を超えると倒産しにくいといわれるが、学会系企業がたっぷりと純資産をため込んだ優良企業であることがうかがえる。

ただ、学会が企業を引き付ける最大の武器は、数百万人規模の学会員の存在自体だろう。学会員が多ければ多いほど、ビジネスの規模も比例して大きくなり、恩恵に浴する企業は増える。ゼネコンをはじめ、メディア、製紙、印刷。さまざまな業界の大手企業が、学会との取引拡大を狙っているのだ。

例えば新聞業界。学会は「聖教新聞」の印刷を新聞社系の印刷会社などに委託している。新聞社にとっては輪転機の空き時間を有効活用できるため、旨味が大きいビジネスで、業界として徐々に依存率を高めてきた。

ある全国紙幹部は「聖教新聞との取引をやめたら、うちの経営が成り立たない。この構造は変えられないし、（学会に）首根っこをつかまれている」と、切っても切れない関係にある内情を明かした。経済界ではすでに「創価経済圏」とでも呼ぶべき、創価学会マネーの市場が形成されているのだ。

ＮＨＫ連続テレビ小説としては今世紀最高の視聴率をたたき出した「あさが来た」。あまり知られていないが、原案となった『小説土佐堀川 女性実業家・広岡浅子の生涯』は、１９８８年に創価学会の関連出版社である潮出版社から刊行されている。

学会系の出版社は他にも、聖教新聞社の編集・出版部門から独立した第三文明社、書店「ブックスオオトリ」を運営する鳳書院があり、創価学会の成長を言論面から支えてきた。

ただ現在は出版不況もあって、売上高が減少。潮出版社は２０１２年の約31億円から15年は約18億円まで落ち込み、第三文明社や鳳書院も同様に減少傾向だ。

図解 出版から葬儀まで幅広く手掛ける

創価学会を取り巻く関連企業の"コングロマリット"

人材供給

札幌で創価幼稚園、東京と関西で創価小・中・高校を運営

創価学園（学会主任副会長）
理事長：原田光治
資産総額：約**1169**億円

大学の学生部で研さんを積めば本部職員に推薦されることも

創価大学
創価女子短期大学（元本部職員）
理事長：田代康則
資産総額：約**2304**億円

アメリカ創価大学
学長：ダニエル・Y・ハブキ

創学サービス（元本部職員）
代　表：佐々木秀勝
売上高：約**12**億円(15年2月期)
社員数：約**20**人

創価大が資本金全額を出資し、生活協同組合の業務を引き継ぐ

施設運営

信濃建物総合管理（元本部職員）
代　表：廣瀬泰道
売上高：約**50**億円(15年3月期)
社員数：約**200**人

学会が全国に所有する会館の営繕工事、保守管理を担当

日光警備保障（学会副会長）
代　表：鈴木 裕
売上高：約**24**億円(15年6月期)
社員数：約**300**人

学会の主要施設で警備業務を担い、鋭く目を光らせている

創造社（創価高校出身）
代　表：鈴木一三
売上高：詳細不明
社員数：詳細不明

長年にわたり学会や創価大などの施設の建築設計を担当

広告代理

東弘（元本部職員）
代　表：齋藤一昭
売上高：約**37**億円(15年3月期)
社員数：約**80**人

書店・飲食・グッズ販売

東西哲学書院（元創価班委員長）
代　表：吉原篤夫
売上高：約**36**億円(15年4月期)
社員数：約**50**人

葬儀

富士白蓮社
代　表：伊藤輝久
売上高：約**18**億円(15年5月期)
社員数：約**70**人

学会員の「友人葬・家族葬」を首都圏と関西圏で展開

学会員を主軸に業績を伸ばすも近年は出版不況で減収傾向

出版

潮出版社
元「潮」編集長

代　表：南 晋三
売上高：**約18億円**(2015年3月期)
社員数：**約50人**

古川智映子著『小説 土佐堀川』がNHK「あさが来た」の原案に

第三文明社
学会副会長

代　表：大島光明
売上高：**約12億円**(15年3月期)
社員数：**約30人**

聖教新聞社の編集・出版部門が独立して設立

鳳書院
学会副会長

代　表：大島光明
売上高：**約13億円**(15年10月期)
社員数：**約10人**

TBSテレビ系ドラマ「重版出来!」で運営書店がロケ地に

機関紙発行

聖教新聞社
学会主任副会長

代表理事：原田光治
公称発行部数：**550万部**
推定売上高：**約1276億円**
(新聞購読料のみ)
7支社39支局のネットワーク

※創価学会の一部門

創価学会

名誉会長：**池田大作**
会長：**原田 稔**　理事長：**長谷川重夫**
基本財産：**約394億円**(15年3月期)

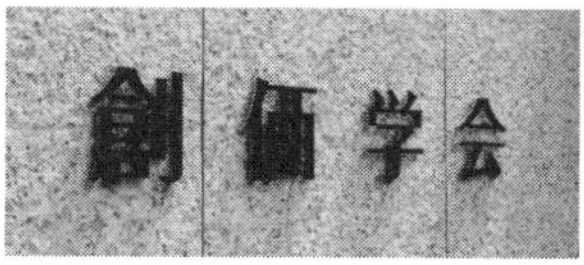

DM・包装

さくらサービス

代　表：寺井岳史
売上高：**約1.6億円**(15年6月期)
社員数：**約50人**

学会の特例子会社。障害者雇用を進め、清掃請負にも進出

輸送

日本図書輸送
元東京・北総区地域部長

代　表：横山秀一
売上高：**約95億円**(15年9月期)
社員数：**約700人**

「聖教新聞」の他、学会関連の出版物や公明党の書類の輸送を担う

ニット保険
元創価大職員

代　表：佐俣憲次
売上高：**約2億円**(15年9月期)
社員数：**約20人**
取扱保険料：**約10億円**(15年3月期)

保険代理店で日本図書輸送の株主。公明党が事務所諸経費を支払う

映像制作

シナノ企画
学会副会長

代　表：奥山義朗
売上高：**約12億円**(14年12月期)
社員数：**約100人**

学会関連の映像の他、「八甲田山」(1977年)など一般映画も製作

*特に注記がない場合、データはいずれも2016年5月時点のもの
*東京商工リサーチ、帝国データバンク、官報および各企業のHPのデータを基に週刊ダイヤモンド編集部作成

関連企業は多種多様 輸送、警備、広告… 代表には現役幹部も

ただし、出版系が落ち込んだとはいえ、学会は関連企業のコングロマリットを形成しており、聖教新聞社も含めると、年間総売上高は1600億円に達する。総社員数も1600人を超える陣容とみられる。関連企業の業種は多種多様だ。

例えば日本図書輸送。社員約700人を抱え、「聖教新聞」や学会関連出版物の輸送を手掛けている。同社の大株主には「牧口記念教育基金会」「大城協栄会」「戸田記念国際平和研究所」といった学会関連団体が名を連ね、同社の略称である「ニット」を社名に冠するニット保険という保険代理店とも資本関係がある。

牧口記念教育基金会と大城協栄会は、施設運営を担う信濃建物総合管理や施設警備に当たる日光警備保障の株主でもある。さらに信濃建物総合管理の株主には、学会の広報映像を制作したり、東映や松竹などと映画製作を手掛けてきたシナノ企画がいる。

他にも、聖教新聞社を主力媒体とする広告代理店の東弘や学会施設の建築設計を一手に担うとされる創造社、学会関連の出版物を販売する「博文堂書店」を運営する東西哲学書院、

学会独自の葬儀である友人葬・家族葬を担う富士白蓮社、障害者雇用を進めるために設立されたさくらサービスなど、その顔触れは実に多彩だ。

学会の人材育成の役割を果たす創価小・中・高校を運営する創価学園も、聖教新聞と同じ主任副会長がトップを務める重要法人だ。

関連企業のトップには現役副会長や元本部職員なども就いている。就任は「各社の事情による」（学会広報室）が、身内で固められ、強固なつながりを持つ連合体であるのは確かだろう。

K.Y.

約70もの学会施設がひしめく膨張を続ける〝創価村〟の今

石造りの白い建物に三色の旗が映える創価学会員の聖地、東京・信濃町。書店もお土産店も飲食店も、街の風景が学会一色に染まっている。〝創価村〟は今どうなっているのか、２０１６年５月、学会員の聖地を歩いた

緑豊かで秋にはイチョウ並木が黄色に染まる明治神宮外苑。東京五輪を控えて建て替えが物議を醸した新国立競技場のある場所だ。その神宮外苑から首都高速とＪＲ中央線を挟んで北側に広がるのが、創価学会員の〝聖地〟、信濃町である。

ＪＲ信濃町駅の改札口を出て街に一歩足を踏み入れれば、青・黄・赤の三色旗に染まった商店街が目に飛び込む。普段は見慣れない風景に、非日常の世界に迷い込んだ感覚になる。

そこからさらに歩を進めると、２０１３年に建立された「広宣流布大誓堂」という、学会総本部の入る荘厳な大礼拝堂が出迎えてくれる。

大誓堂の南側には、12年に新設された「創価文化センター」が鎮座する。中にある金舞会館は、16年5月に創価班・牙城会の集いが開催された礼拝施設だ。創価学会の歴史をデジタル化した展示スペースもあり、広報機能も果たす。この2棟が聖地の中核施設だ。

信濃町の学会関連不動産事情を整理したのが86〜87ページの地図だ。向かって左（南、ＪＲ信濃町駅）から右（北、四谷3丁目方面）に〝創価村〟は延び、ここだけで約70もの学会関連施設がひしめき合う。信濃町だけでは収まり切らず、南東に隣接する南元町、北西の左門町まで勢力範囲を拡大している。

例えば、地図中の「南元センター」と「南元栄光会館」に挟まれた場所に古い建物がある。かつて三井住友銀行の福利厚生施設が入っていた「銀行会館」だった所だ。14年3月に学会が三井住友から１０００平方メートル以上の不動産を購入。どのように活用されるのか気になり、現地に足を運んだものの、門が閉ざされ看板も掛かっていない。今のところ、何かに利用されている様子はなさそうだ。

「南元会館」の東隣にあるアパートも16年2月に学会が購入。すでに飽和状態と思われた〝創価村〟だったが、今後もまだまだ膨張を続けて広がりを見せそうだ。

学会系企業14社中本社が信濃町近辺にあるのは5社だけ

信濃町周辺の施設を大別すれば、点在する礼拝所などの宗教施設、聖教新聞社の施設、公

"創価村"信濃町および周辺マップ
神宮外苑
中央線
信濃町
❸
東西哲学書院
本社ビル
創価学会
本部別館
青山1丁目
ニット保険
（賃貸）
JR信濃町駅
創価学会
本部第二別館
❶
創価学会新館
接遇センター
光城会館
創価学会
法城会館
銀舞寮
創価学会
銀舞会館
公明食堂
公明新聞社
創価学会
常楽園
本部第五
駐車場
創価学会
常楽会館
創価
女子会館
創価学会
信濃平和会館
創価学会第三別館
香風寮
創価
旭日会館
創価学会
第九別館
創価学会
第一別館
青雲寮
創価学会
世界青年
会館
❷
公明党
本部
創価学会
第七別館
第二
青雲寮
創価学会
教育文化
センター
春光寮
創価学会
第十別館
第一桜花寮
南元会館
南元町寮
創価学会
車輌センター
創価学会
第二別館
創価学会
春風寮
池田
名誉会長
私邸
第二桜花寮
聖教新聞社
出版センター
創価学会
（礼拝所）
第二
春秋寮
SGI国際
会議会館
第一春秋寮
芙蓉寮
創価学会
大光寮
第二芙蓉寮
南元センター
第三
芙蓉寮
SGI国際会議会館
専用駐車場
若葉寮
旧三井住友
銀行会館
シナノ企画
別館管理棟
聖教新聞社新館
陽光寮
創価学会の中核施設
創価学会の関連施設
聖教新聞社の施設
創価学会関連の民間
企業が入る施設
公明党の施設
首都高速4号新宿線
南元町
南元栄光会館
（信濃建物総合管理）
*2016年5月時点の不動産謄本、法人登記、
ブルーマップの情報を基に週刊ダイヤモンド編集部作成

明党の関連施設、そして、学会関連企業が入るビルの四つがある。

学会の本部施設は大誓堂近辺に集中する。すぐ北側の「接遇センター」は、地方から上京した学会員らが池田大作名誉会長にお土産や手紙を渡す場所。その東の「常楽園」は学会員のみに立ち入りが許される。本部を見詰める戸田城聖第2代会長の胸像や池田名誉会長の句碑・和歌の銘板があり、学会員とおぼしき女性グループがにこやかに記念撮影していた。

また創価文化センターの南には勤行・唱題の場である「信濃平和会館」がある。これらが大誓堂周辺の主な施設で、後は本部別館や職員寮などがある。

学会の機関紙を発行する聖教新聞社は、大誓堂周辺の喧騒から少し離れた閑静な一画にたたずむ。水色のガラス張りの外観が印象的な本社、その隣に第一別館と第二別館、そして見学室がある。

学会内では、「聖教新聞」を各家庭に届ける取次店（販売店）および配達員を「無冠の友」と呼ぶが、見学室は彼らを顕彰する空間だ。

17年1月、この聖教新聞本社の新社屋となる「創価学会　世界聖教会館」が建設されることが発表された。学会によれば、世界聖教会館は「正義と希望の哲学を内外に発信していく電源地であり、世界広布新時代を進む全国、全世界の同志が心待ちにする言論城である」という。

建設地は東京電力病院跡地だ。11年3月の東日本大震災に起因する福島第一原発事故の対応で、東京電力は厳しい経営合理化を迫られていた。そんな中、14年1月、資産処分の一環としてこの病院をデベロッパーの東京建物に100億円で売却することが明らかとなった。当時は同社がどんなプロジェクトを進めるのか注目されていたが、不動産登記簿によれば、この土地を創価学会が16年6月に購入したようだ。

地上5階・地下2階建て、延床面積は1万4500平方㍍の規模になり、正面玄関には新聞創刊の意義を記す記念碑が設置される。また、機関紙・誌の制作業務に当たる編集室や会議室などのほか、礼拝室となる「言論会館」を備える。現在の社屋と同様に配達員の功労をたたえる配達員顕彰室や、聖教新聞の歴史や魅力を伝える展示室、図書資料室、談話スペースが設けられる予定だ。

17年7月に起工式が行われ、学会の原田会長、長谷川理事長、聖教新聞社の原田代表理事などが出席した。19年11月18日に迎える「創価学会創立記念日」での落成を目指し、建設が進んでいる。

聖教新聞本社から南に少し坂を下っていくと池田名誉会長の私邸が見えてくる。常時、学会員とおぼしき人物が目を光らせており、何びとも近づくことが許されない雰囲気が漂う。

週刊ダイヤモンドは創価学会関連の民間企業を現状で14社確認しているが、そのうち信濃町近辺に本社を構えるのは東西哲学書院、シナノ企画、信濃建物総合管理、日光警備保障とニット保険の5社。後は北に向かって四谷3丁目方面に行けば、文化会館などの設計を一手に担う創造社の本社ビルがある。

大誓堂から外苑東通り側に抜けて道を渡れば、慶應義塾大学病院の隣に「民音音楽博物館」がある。不動産は学会関連財団の民主音楽協会の所有だったが、12年に「寄付」の形で学会が引き受けた。

10年に学会創立80周年を迎え、信濃町はここ数年で施設の改築が進み、街全体がスッキリと整備された印象がある。一方で街の至る所に警備員が配されているため、無機質な空気感を醸し出しており、ますます創価村としての色彩を強めているようだ。

驚愕の学会資産その推定総額は、何と1・8兆円！

創価学会の資産の全貌を知る人間は、学会内にもほとんどいないだろう。一体どれほど保有しているのか。今回、可能な限り数値化し、推定資産額を初算出した。

「どんなに田舎でも、なぜか創価学会の会館って必ずあるよね」

ある東北地方出身者が首をひねりながらそう話す。それもそのはず、創価学会の会館は全国各地に700棟超もある。その資産を積み上げると総額はどうなるのか、徹底的に調べ上げた。結果を初公開する（16年6月時点）。

まずは資産データを集計できた学会関連の民間企業7社と公益法人5社の総資産を見ていこう。週刊ダイヤモンドの調べによると、関連企業7社の合計で約314億円。大半が純資産を潤沢に有し、自己資本比率が極めて高い優良企業だった。

　公益法人は創価大学が圧倒的で約２３０４億円、創価学園の約１１６９億円などを含めて合計で約４３６２億円に達した。

　次に、東京・信濃町と周辺の学会関連施設や、46道府県の中心会館の不動産謄本を約４６０件取得、不動産の推定資産価値をはじき出した。建物は謄本を基に不動産鑑定士に依頼。土地は不動産価格分析の専門家が公示地価に独自の変数を掛け1平方メートル当たりの推定地価を基に面積から算出した。結果は約１６８６億円に上る。

　また、46道府県の中心会館の平均資産価値を約16・6億円と推定、週刊ダイヤモンドで確認できた文化会館、全国６９２棟に掛け算した。規模が小さい分を割り引いて計算すると、合計で約９２２５億円になった。

　これだけで約1兆５５８７億円もの資産があることが浮かび上がってきた。ただし、新聞・出版事業と並ぶ収入源とされる墓苑事業の資産は別。学会の墓苑は全国に14カ所あり、群馬県だけ約１４３億円の資産だったことが判明した。その群馬を基準として、推定地価と地図上で計測した概数の面積を掛けると、全国合計で約２８００億円に達した。

　算出件数約８３０件で約1兆８３８７億円が、今回判明した学会の推定資産額だ。

　学会はその後も、前出の世界聖教会館のみならず関連不動産（会館）を増やしている。例えば、信濃町では「(新)常楽会館」が17年11月竣工予定で新築工事中だ。鉄骨造の地上3階建てで延べ床面積7775・9平方《メートル》、設計は創造社、施工は安藤ハザマだ。また足立区では「足立文化会館」が18年4月竣工予定で、鉄筋コンクリート造の2階建て、延べ床面積は1375・7平方《メートル》、大成建設JVの施工だ。

東京都以外では、大阪府東大阪市で「鴻池文化会館」の新築が始まっており、17年末竣工を目指している。また兵庫県加古川市では、約1万7000平方《メートル》の土地で「(新)加古川文化会館」の建設が進む。地上2階建て、延べ床面積は2110・1平方《メートル》で、こちらも17年末に竣工予定だ。このように、創価学会の資産膨張はとどまるところを知らない。

関連企業は潤沢な純資産を持つ

創価学会関連の民間企業

シナノ企画（1968年9月設立／東京都新宿区）

総資産：約**99億7029**万円（2012年12月時点）

うち 純資産：約**95億1630**万円（自己資本比率**95.4**%）

信濃建物総合管理（2004年11月設立／東京都新宿区）

総資産：約**69億4004**万円（2014年3月時点）

うち 純資産：約**58億1023**万円（自己資本比率**83.7**%）

日本図書輸送（1961年11月設立／東京都江東区）

総資産：約**60億9288**万円（2015年9月時点）

うち 純資産：約**44億1848**万円（自己資本比率**72.5**%）

東西哲学書院（1964年4月設立／東京都新宿区）

総資産：約**37億0634**万円（2015年4月時点）

うち 純資産：約**32億3696**万円（自己資本比率**87.3**%）

日光警備保障（1970年7月設立／東京都新宿区）

総資産：約**31億5597**万円（2015年6月時点）

うち 純資産：約**16億4444**万円（自己資本比率**52.1**%）

東弘（1963年3月設立／東京都千代田区）

総資産：約**12億**円（2013年10月時点推定）

うち 純資産：約**1億4000**万円（自己資本比率**11.7**%）

創学サービス（2001年5月設立／東京都八王子市）

総資産：約**3億9170**万円（2012年2月時点）

うち 純資産：約**2億1112**万円（自己資本比率**53.9**%）

総資産合計	うち 純資産
約**314億5722**万円	約**249億7753**万円

＊東京商工リサーチの資料、官報などを基に週刊ダイヤモンド編集部作成

抱える総資産は4300億円超

創価学会関連の公益法人

創価大学（学校法人／東京都八王子市）
●1971年2月設立　●理事長：田代康則
総資産：約**2304**億**1625**万円（2015年3月時点）
12年3月より **187**億円 ↗

創価学園（学校法人／東京都小平市）
●1967年6月設立　●理事長：原田光治
総資産：約**1169**億**7434**万円（2015年3月時点）
12年3月より **184**億円 ↗

東京富士美術館（公益財団法人／東京都八王子市）
●1985年12月設立　●代表理事：原島健二
総資産：約**698**億**4500**万円（2015年3月時点）
08年3月より **33**億円 ↗

民主音楽協会（一般財団法人／東京都新宿区）
●1965年1月設立　●理事長：小林啓泰
総資産：約**130**億**5600**万円（2015年12月時点）
07年12月より **52**億円 ↘

東洋哲学研究所（公益財団法人／東京都八王子市）
●1965年12月設立　●理事長：川田洋一
総資産：約**59**億**0900**万円（2015年3月時点）
08年3月とほぼ変わらず

平和墓苑（財団法人／群馬県渋川市）
●1975年8月設立（2013年8月解散）
総資産：約**143**億**0529**万円（解散時点）

総資産合計
約**4362**億**0059**万円
※平和墓苑を除く

▲東京富士美術館　K.O.

▲東洋哲学研究所　K.O.

＊法人登記、官報などを基に週刊ダイヤモンド編集部作成

信濃町と全国中心会館だけで1600億円超

創価学会関連不動産の資産価値一覧

本部関連施設 礼拝所など　資産合計: **714億0054万円**

物件名	推定建物価値	推定地価換算	推定資産価値（建物+土地）
広宣流布大誓堂（創価学会総本部）	104億円	62億6495万円	166億6495万円
創価文化センター	53億6000万円	42億8582万円	96億4582万円
創価学会（礼拝所）	12億5000万円	36億4892万円	48億9892万円
本部第二別館	22億6000万円	24億8769万円	47億4769万円
民音音楽博物館	17億2000万円	19億7424万円	36億9424万円
創価世界女性会館	12億8000万円	12億9472万円	25億7472万円
第三別館	7億9400万円	16億6009万円	24億5409万円
第一別館	8060万円	22億0436万円	22億8496万円
戸田記念国際会館	15億4000万円	7億1002万円	22億5002万円
第二別館	4610万円	21億0622万円	21億5232万円
本部別館	（広宣流布大誓堂と合算）	21億4954万円	21億4954万円
信濃平和会館	3億0100万円	16億1629万円	19億1729万円
新館接遇センター	3億9600万円	13億3745万円	17億3345万円
南元センター	4億6800万円	12億6453万円	17億3253万円
創価女子会館	6億3800万円	9億9902万円	16億3702万円
世界青年会館	1億9000万円	8億4060万円	10億3060万円
常楽会館	9690万円	9億0966万円	10億0656万円
信濃文化会館	1億0500万円	8億9377万円	9億9877万円
SGI国際会議会館	2億4600万円	6億5621万円	9億0221万円
第七別館	6160万円	7億8411万円	8億4571万円
南元栄光会館	0円	8億4266万円	8億4266万円
創価旭日会館	5710万円	7億4997万円	8億0707万円
第八別館	8190万円	6億5391万円	7億3581万円
第十別館	4930万円	6億4029万円	6億8959万円
銀舞会館	0円	5億9171万円	5億9171万円
南元会館	9440万円	4億2832万円	5億2272万円
教育文化センター	1億6300万円	3億5592万円	5億1892万円
法城会館	9770万円	3億5554万円	4億5324万円
左門町会館	8500万円	3億2921万円	4億1421万円
光城会館	7560万円	2億8050万円	3億5610万円
第九別館	不明	1億4710万円	1億4710万円

寮	資産合計: 74億7173万円		
物件名	推定建物価値	推定地価換算	推定資産価値（建物+土地）
第一南元寮	3億4300万円	8億0627万円	11億4927万円
第一桜花寮	1億6200万円	4億8568万円	6億4768万円
第二桜花寮	1億6600万円	4億6030万円	6億2630万円
陽光寮	7420万円	5億4110万円	6億1530万円
春光寮	4910万円	4億9912万円	5億4822万円
銀舞寮	1950万円	4億5268万円	4億7218万円
南元町寮	6410万円	3億8157万円	4億4567万円
第二芙蓉寮	8200万円	3億4867万円	4億3067万円
大光寮	1220万円	3億9632万円	4億0852万円
春風寮	2730万円	3億6756万円	3億9486万円
芙蓉寮	7810万円	3億0093万円	3億7903万円
第三芙蓉寮	179万円	3億0822万円	3億1001万円
第二若葉寮	0円	2億6674万円	2億6674万円
香風寮	0円	2億2274万円	2億2274万円
第二春秋寮	2230万円	1億2323万円	1億4553万円
第一春秋寮	2230万円	1億1397万円	1億3627万円
若葉寮	1340万円	8600万円	9940万円
青雲寮	0円	9767万円	9767万円
第二青雲寮	0円	7567万円	7567万円

道府県中心会館	資産合計: 783億8398万円		
全国46カ所	推定建物価値	推定地価換算	推定資産価値（建物+土地）
	386億7200万円	397億1198万円	783億8398万円

聖教新聞社	資産合計: 67億4251万円		
物件名	推定建物価値	推定地価換算	推定資産価値（建物+土地）
本社	0円	28億3589万円	28億3589万円
新館	4億0800万円	10億1734万円	14億2534万円
第一別館	不明	10億3264万円	10億3264万円
第二別館	1億1200万円	6億2604万円	7億3804万円
信濃センター・見学室	765万円	3億3211万円	3億3976万円
出版センター	0円	2億3525万円	2億3525万円
聖新会館	6450万円	7109万円	1億3559万円

駐車場・広場など	資産合計: 46億3087万円		
物件名	推定建物価値	推定地価換算	推定資産価値（建物+土地）
本部第五駐車場	建物なし	18億5839万円	18億5839万円
旧三井住友銀行会館	0円	12億3859万円	12億3859万円
車輌センター	建物なし	8億3282万円	8億3282万円
常楽園	建物なし	4億3605万円	4億3605万円
銀舞会館専用駐車場	建物なし	2億6502万円	2億6502万円

資産総計: 1686億2963万円

＊「推定建物価値」は不動産鑑定士の協力を得て「用途」「工法」「階数」「床面積」「築年数」を基に算出。「推定地価換算」は不動産価格分析専門家の協力を得て、2016年1月に国土交通省が発表した「公示地価」に複数の変数を掛けて算出。信濃町に隣接する南元町、左門町の関連施設も含む。道府県中心会館は創価学会ホームページに掲載されているものを対象とした

寄らば"創価学会"の陰 大企業が依存するS経済圏

創価学会の情報が満載の「聖教新聞」。学会動向を知る重要な媒体だが、もう一つ別の読み方がある。それが広告だ。つぶさに観察すれば、知られざる「S経済圏」の一端が垣間見える。

創価学会は全国津々浦々に数多くの関連施設を建設してきた。そのため、建設業界にとっては最上位のお得意先である。「本部の建設部にはご用伺いでゼネコン各社の担当者がひっきりなしに出入りしていた」と本部関係者は明かす。

他にどんな企業や業界が学会と関わっているのだろうか。学会の機関紙である「聖教新聞」の広告から何か読み解けないかと考え、2016年5月の1カ月分をつぶさに調べてみた。すると本部関係者の言葉を裏付けるかのように、スーパーゼネコンから中堅まで、幅広くゼネコンが広告に名を連ねているではないか。さらに、さまざまな業界のナショナルクライアントからも多くの出稿があり、その数は1カ月だけで331社に上った。

公称５５０万部の「聖教新聞」は、「讀賣新聞」「朝日新聞」に次ぐ発行部数を誇る巨大メディアだ。その発行部数からすれば、購読者に対するＰＲ効果を期待して出稿企業が増えるのも当然だ。

一方で、中には学会との商取引があるとみられる企業もある。

こうした企業は、ＰＲ効果だけではなく、公称で信者数８００万世帯を超える巨大組織、創価学会を中心に広がる「Ｓ経済圏」に深く入り込みたいという思惑もあると考えられる。学会とビジネス関係を築くことができれば、巨額の資金が動く可能性が高く、企業としては是が非でも親密になりたい取引相手といえる。

「聖教新聞」への主要な出稿企業をカテゴ

鹿島建設

三大メガバンク

日立製作所

Panasonic

リーごとに整理したのが103〜105ページの図である。ここでは便宜的に、「建設・不動産」「メディア」「メーカー・その他」「健康・美容」「保険」「メガバンク」の六つに分類した。

学会と各企業の関係性には濃淡があるだろう。分析した結果から言うと、「建設・不動産」と「メガバンク」、さらに「メディア」のうち、製紙・印刷・放送は主に学会やその関連企業と取引があった。一方で「メーカー」「健康・美容」、そして「保険」は、公称550万の購読者へのPR効果を狙ったものという推測が成り立った。

施設狙うゼネコン、銀行は三菱系が強い 出版で印刷と製紙

「建設・不動産」では、スーパーゼネコンや中堅ゼネコンに加えて、建材メーカーも目立った。また、全国各地に約690棟存在するとみられる文化会館や研修場などの電気通信、空調、エレベーターといった建物設備の維持・管理およびメンテナンスに関わるような企業群もある。

学会創立80周年を記念し、13年に建立された「広宣流布大誓堂」（学会総本部）をめぐっては、スーパーゼネコン5社の大成建設、大林組、鹿島、清水建設、竹中工務店がジョイン

トベンチャー（ＪＶ）でそろい踏み。業界でも珍しいスーパー連合で施工した。

さらに、その隣接地に12年に新設された「創価文化センター」の工事では、三菱商事を施工元請けとして、施工は鹿島、戸田建設、熊谷組、飛島建設、ハザマ（現・安藤ハザマ）のＪＶが組まれていた。そのいずれもが16年5月に広告を出稿していたのだ。

施工現場は東京・信濃町だけではない。学会のもう一つの拠点である東京・八王子市の創価大学でも本部棟新築工事を大林・鹿島ＪＶが手掛けた。また、16年1月に起工式が行われた学内の新女子寮（国際学生寮）工事では、大成を中心に建設が進められたようだ。

この4棟だけ見ても、ゼネコンは広告出稿と取引が関連していることがうかがえ、Ｓ経済圏に属する主力業界といえるだろう。

また、創価文化センターの建設で三菱商事が元請けになったように、学会と三菱グループ、特にメーンバンクとしての三菱東京ＵＦＪ銀行は歴史的に長い関係を持ってきた。

80～81ページで紹介した学会の関連企業でも、潮出版社など学会系三大出版をはじめとして、信濃建物総合管理、日光警備保障、日本図書輸送、シナノ企画、東西哲学書院、富士白蓮社、東弘、創学サービスのいずれもが三菱東京ＵＦＪと取引関係にある。信用調査会社によれば、関連企業の中には、三井住友銀行やみずほ銀行と取引しているところも多い。

「メディア」に関しては、「聖教新聞」に加えて、学会系出版社である潮出版社、第三文明社、

メガバンクからスーパーゼネコンまで

聖教新聞には広告殺到!

聖教新聞2016年5月分広告出稿企業数331社

建設・不動産

※社名は順不同

ゼネコン

大林組	ナカノフドー建設	淺沼組
大成建設	飛島建設	熊谷組
鹿島	戸田建設	西松建設
清水建設	五洋建設	北野建設
竹中工務店	安藤ハザマ	大豊建設

全国各地の学会系施設および創価大関連の建築工事を請け負う。「広宣流布大誓堂」の施工ではスーパーゼネコン5社でJVが組まれた

設備・管理

不二サッシ	新菱冷熱工業	日立ビルシステム
三協アルミ	合人社計画研究所	etc.
関電工	高砂熱学工業	

空調など建物設備はメンテナンスや更新が必要。維持・管理の体制も万全

メディア

学会関連発行物に関係する用紙や印刷関連。聖教新聞社が1社で番組提供する放送局もある

製紙

王子製紙　三菱製紙　日本紙パルプ商事
日本製紙　国際紙パルプ商事　etc.
大王製紙　新生紙パルプ商事

出版

講談社　徳間書店　主婦と生活社　毎日新聞出版
集英社　光文社　時事通信社　朝日新聞出版
小学館　主婦の友社　中央公論新社　旅行読売出版社
公明出版サービス　etc.

印刷

大日本印刷　東日印刷　読売プリントメディア
共同印刷　凸版印刷　高速オフセット　etc.

放送

文化放送　ニッポン放送　テレビ朝日

メガバンク

三菱東京UFJ銀行
三井住友銀行
みずほ銀行

三菱東京UFJ銀行は以前から学会のメーンバンクといわれている。三井住友とみずほの2行も学会関連企業の取引銀行に入っているとみられる

保険

オリックス生命保険
AIG富士生命保険
SBIいきいき少額短期保険

全面広告を出すときもある

健康・美容

アートネイチャー
サントリーウエルネス
健康コーポレーション
バスクリン
新日本製薬
やずや etc.

メーカー・その他

化粧品・製薬

資生堂　第一三共ヘルスケア

電機

パナソニック
三菱電機
日立製作所
富士フイルム

食品・飲料

アサヒビール
キユーピー
森永製菓
味の素

その他

アシックス
キヤノンマーケティングジャパン
レック

電機大手から食品・飲料、化粧品・製薬のトップブランドまで幅広い企業が数多く出稿している。かつて日立グループの日立建機から東京・信濃町の土地を取得

鳳書院と取引のある製紙会社や印刷会社も、S経済圏に少なからず依存しているといえる。

学会関連の出版物を一覧にした１１０ページの表を見ても分かるように、定期刊行物から単行本、新書や文庫まで実に種類が豊富だ。そして、例えば「潮」は大日本印刷、「第三文明」は凸版印刷というように企業のすみ分けもされている。

出版不況もあって学会系出版社の売上高も昔に比べて落ちているとはいえ、学会員という一定の購読層が見込める。

ちなみに学会員はこうした出版物をどのくらい購入しているのか。ある学会員は「あくまで私の例だが」と前置きした上で、次のように語る。

「購入するのは『潮』と『第三文明』が中心で、『灯台』もたまに買う。ほかに無料でもらえる出版物もある。あとは池田大作先生の著作物も買う。特に購入のノルマはないが、信仰心にあつい人ほど買わざるを得ないような雰囲気はある。私は『東洋哲学研究』といった学術的なものも買うから大体月２万円くらい。普通の人は月２０００～３０００円くらいではないか」

出版市場が縮小する中、こうした固定客の見込める出版社は、製紙・印刷業界の企業にとってありがたい存在だろう。

通販、保険も恩恵 見逃せない学会の 巨大仏壇市場

テレビやラジオでは聖教新聞社の1社提供番組があり、その絡みの広告出稿もあった。テレビ朝日では、世界的に著名な作品から新進気鋭作家の作品までさまざまな絵本を1冊セレクトし、絵本の読み聞かせをテーマにした番組を提供。文化放送では家族の在り方を見詰め直すラジオ番組を提供している（16年6月時点）。

「健康・美容」「保険」では、聖教新聞社が13年の「第13回全国新聞総合調査（J－READ）」を基に、興味深いデータを公表している。

新聞広告に対する1年間のレスポンス率で、化粧品の通信販売、保険商品のいずれでも、「讀賣新聞」や「朝日新聞」に部数では劣る「聖教新聞」の方が優れているという結果が示されているのだ。

高いレスポンス率の要因として、「聖教新聞」の購読者に50代、60代の女性が一般紙よりも多いことが挙げられるかもしれない。

また、六つのカテゴリーには入れていないが、学会員向けの仏壇・仏具を扱う企業もS経

済圏の重要な構成要素だ。その筆頭が金剛堂という学会専門の仏壇店だ。全国の文化会館に隣接する形で営業展開し、46店舗（16年6月時点）を構えている。

金剛堂の他にも、全国には学会専門を掲げる仏壇店が少なくない。「中には学会員の巨大な仏壇需要を狙って、あえて学会専門を名乗る店もあるようだ」と現役学会員は推察する。仏壇の価格は数千円台から数百万円台までピンキリだが、800万を超える世帯の学会員が1世帯に1基持つと考えれば、確かに仏具なども含めて巨大市場になるだろう。

日本を代表する大手企業から地場の中小企業まで、実にさまざまな企業がS経済圏を頼りにしている。まさに寄らば〝創価学会〟の陰である。

S経済圏が垣間見える「聖教新聞」(上)。金剛堂ほか
創価学会専門を掲げる仏壇店は全国に点在

K.O.

月刊誌から単行本まで豊富に

創価学会関連の出版物一覧

出版社	新聞・雑誌名	発行形態	価格
聖教新聞社	聖教新聞	日刊	1934円（月額）
	グラフSGI	月刊	398円
	大白蓮華	月刊	205円
	創価新報	月2回	108円
	少年少女きぼう新聞	月刊	54円
	未来ジャーナル	月刊	54円

※他に御書・教学、『人間革命』他池田大作著作、随筆・詩集、聖教文庫など

出版社	新聞・雑誌名	発行形態	価格
潮出版社	潮	月刊	637円
	パンプキン	月刊	525円

※他に単行本、潮文庫、全集・著作集、コミックなど

出版社	新聞・雑誌名	発行形態	価格
第三文明社	第三文明	月刊	514円
	灯台	月刊	401円

※他に単行本、第三文明選書、レグルス文庫、創価教育新書など

出版社	新聞・雑誌名	発行形態	価格
鳳書院	主に単行本（池田大作著作、実用本など）		

＊価格は税込み

学会員は営業活動で有利!? "創価民族"の意外な生活圏

小川寛大●季刊「宗教問題」編集長

"創価民族"とでも呼び得る学会員のコミュニティーがある。その実態について、宗教ジャーナリストの小川寛大氏に聞いた。

「このご時勢で、うちの会社がそこそこの利益を上げてやっていけるのは創価学会のおかげ。地域の会員仲間が優先的に仕事を回してくれるからね。そのために日ごろの活動にも参加しているようなもの。信心？　しとらんで！」

関西で運送業を営む創価学会員の男性は、筆者の取材に笑いながらそう答えた。"信心"に関する発言は関西人らしいユーモアだとしても、彼が学会員ネットワークを仕事に有効活用しているのは、間違いないだろう。

創価学会の現在の公称会員数は827万世帯。さすがに本当にそれほどの数がいるとは考えられていないが、近年の国政選挙で公明党は、全国でおおむね700万～800万の票を比例区から集める。ここから逆算した正味の創価学会員数は、300万〜500万人ほどなのではないかというのが、創価学会をウオッチする研究者やジャーナリストの一般的な見解である。

もちろん公称より少なくなるとはいえ、教団トップ（池田大作名誉会長）を熱烈に崇拝し、熾烈な政治・選挙活動をも展開できるような同規模か、それ以上の宗教団体は、日本にほかに存在しない。まさに国内最大の宗教団体なのだ。

一般の日本人とは微妙に異なる価値観を持った人々が数百万人規模で存在するという意味において、すでに現在の日本には、〝創価民族〟とでも呼び得る人々のコミュニティーが成立している。

学会員の中にはさまざまな商売を行っている人も多く、前出の運送業経営者のように、学会員たちのネットワークを営業に結び付けているケースも確実にある。また毎週末などには「座談会」や「唱題会」と呼ばれる信仰上の集まりが頻繁に催され、学会員たちの子弟らを対象としたレクリエーション行事なども活発（そうした活動に付いて回る学会員たちの消費活動は、学会員が経営する商店などと結び付く場合が少なくない）。

つまり学会員とは、その気になれば学会員以外の人々とまったく交流することなく一生を終えることすらできる存在なのだ。無論、現実には多くの学会員は一般の社会や人々とも交流を持っている。それでも、学会員は一般の日本人とは確実に違う生活環境の中に暮らす。単純な比較ができるものではないが、人口約370万人の静岡県の県GDPは約15兆円。一つの参考になる指標ではあろう。

信者第1世代の退場で徐々に薄まりつつある熱烈な信仰心

学会員が形成する〝独特の世界〟の一端をうかがわせるものが、安倍政権が行った集団的自衛権の容認、安保法制の制定に関する一連の〝騒動〟だ。公明党の「平和の党」としての看板が汚されたとして学会員たちが反発しているとの報道が、各所で少なからず行われた。

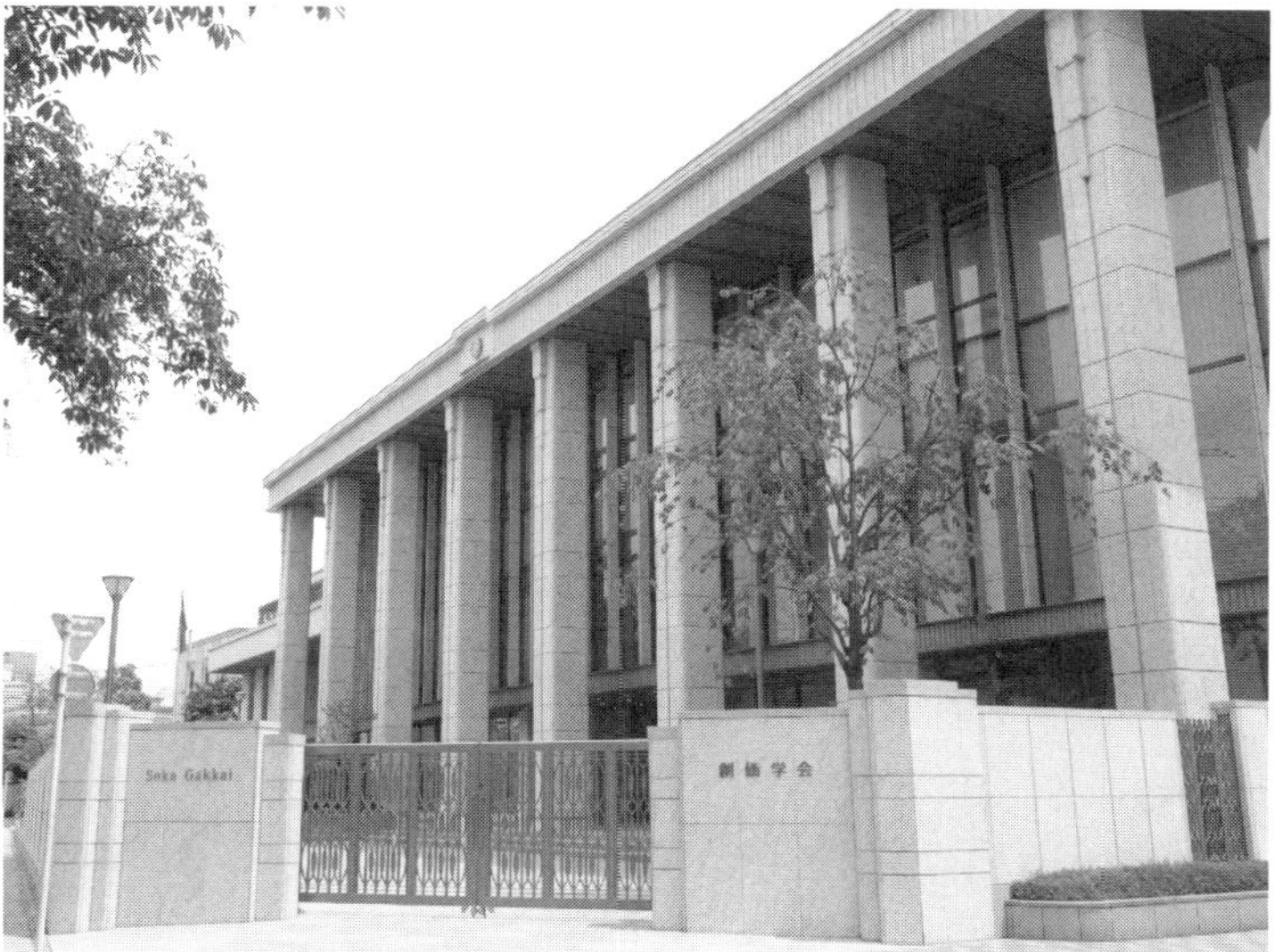

学会員たちの聖地である創価学会総本部(東京・信濃町) K.O.

しかし集団的自衛権の容認（2014年7月）後に行われた総選挙（同年11月）で、05年以降低落傾向にあった公明党の比例票獲得数は下げ止まりを見せた。

創価学会は聖教新聞などの機関紙で、「安保法制は日本の平和を守るもの」という論陣を徹底展開。それが奏功してか、一般の学会員からもその見解を追認する声が珍しくなく聞かれる。メディア環境においても、一般のそれとは異なる世界に身を置いているのだ。

創価学会の躍進を支えた熱烈な信仰心は、信者第1世代の退場などによって徐々に弱まりつつある。しかし彼らが築き上げた〝創価民族〟という生活基盤は、〝緩い信仰心〟しか持ち得ない現役世代にすら、学会員独特の人生を歩ませるコミュニティーとして機能している。この基盤は学会員たちの政治、経済活動をも巻き込み、容易に崩れる気配がない。

©123RF

Part 3 学会員のリアル 待遇、出世、結婚、就職

創価学会に入会している知人がいたりしない限り、
学会の実情はなかなかうかがい知ることはできない。
彼・彼女らはどんな一生を送るのか。
待遇、出世、結婚、就職――。学会員たちのリアルに迫った。

学会員の知られざる日常
本部職員の年収は公務員並み

外からはほとんどうかがい知ることのできない創価学会の世界。全国の学会員たちは普段どんな生活を送り、どのような人生を歩んでいるのか。リアルな日常に迫ってみた。

「こんにちは。6月25日の19時、『地区座』が開かれます。ぜひ、いらしてくださいね」――。

創価学会では月に1回程度、その活動の中心である「座談会」が開かれる。この座談会は学会の最小単位である「ブロック」や、そのブロックをまとめた「地区」の責任者が、直接、学会員宅まで出向き、手渡しで案内状を配るのが通例だ。

あらゆることをSNSやメールで済ませる時代にあって、手渡し、それも多くが手作りの案内状とはいかにも前時代的な気もする。

創価大学卒業で都内の地区部長を務める40代男性は、手渡しの理由を次のように語った。

「やっぱり顔を見て激励しなければ心は通わないから。池田先生ならきっとそうおっしゃるはずです」

猛暑の日も凍える日も、仕事を終えたその足で1日数軒、各15分程度、学会内で「部員さん」と呼ばれる受け持ちの学会員宅に顔を出すようにしているという。

学会の組織は、このブロックや地区といった地域ごとの会合だけではない。「青年部」や「壮年部」、「女子部」や「男子部」といった世代別や性別に分かれた集まりもある。

こうした部ごとでも座談会や「勉強会」が頻繁に開かれているのだ。詳細は後述するが、他にも看護師で構成された「白樺会」など、職業別のサークルも存在するという。

縦横に組織化され、重層的な構造を持つ学会の世界は、外から見るとえたいの知れない存在に映るかもしれない。ただ、取材を通して学会員に接してみると、素朴な人柄の信者が大半だった。

ある男性学会員は取材後、最寄り駅まで見送りに来て、ずっと手を振ってくれていた。

また、かつては「貧乏人と病人」ばかりが集まっているとやゆされることもあった学会だが、それも今は昔。弁護士や公認会計士、会社役員など社会的に成功した学会員も当たり前となった。それこそ年収数千万円の富裕層から社会的弱者まで、今や社会のあらゆる層に浸透しているのだ。

重層的な組織網

創価学会の組織図

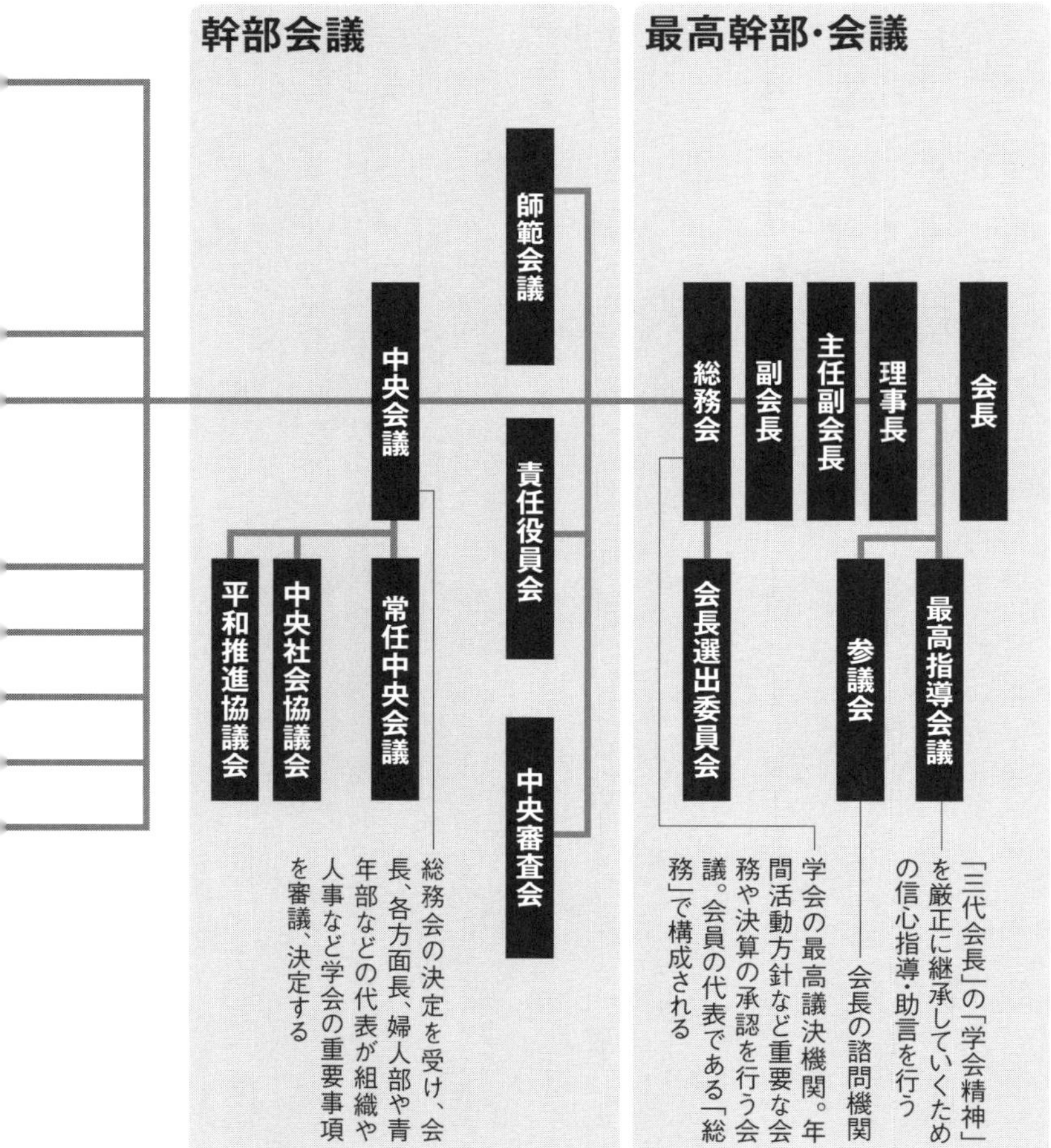

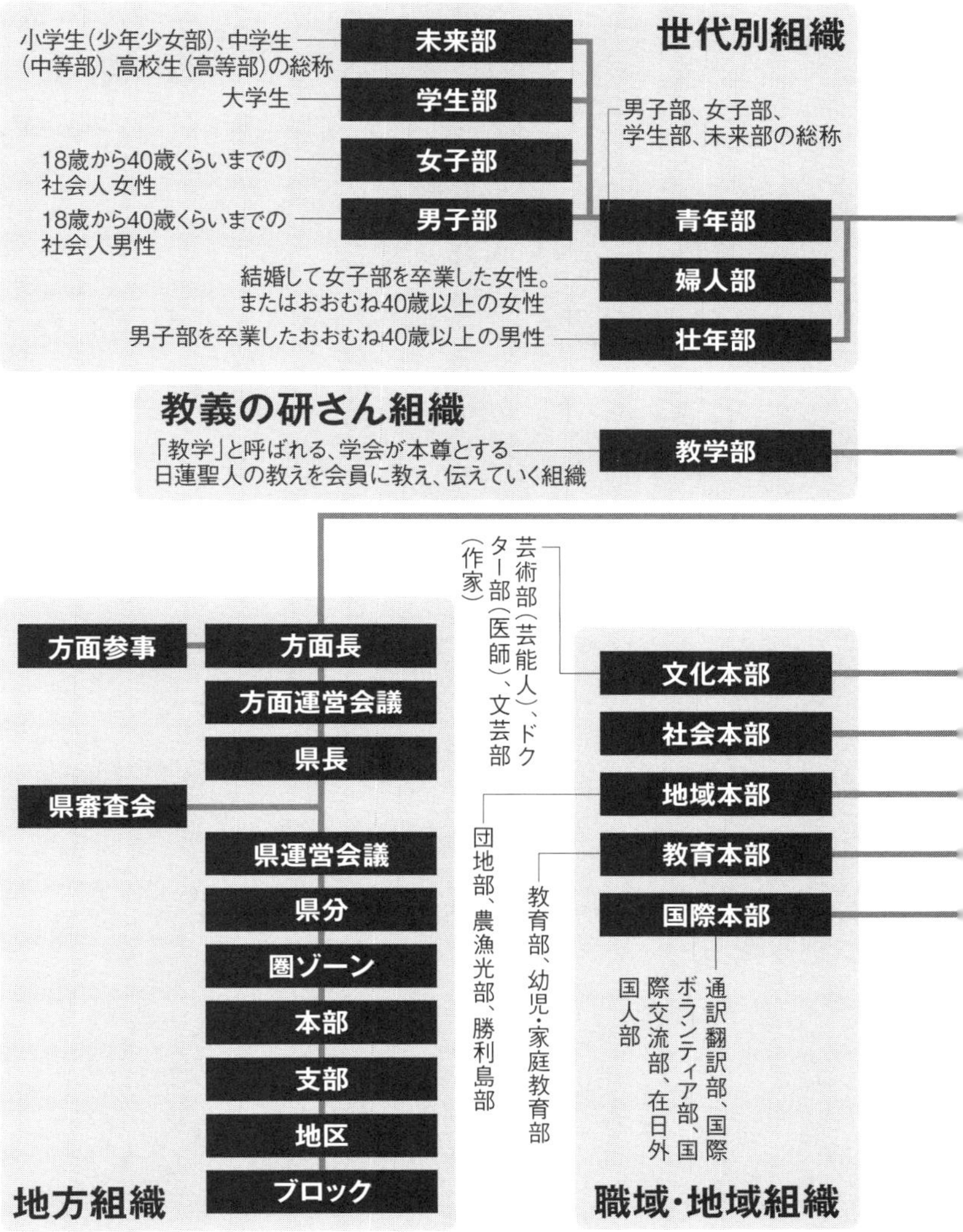
世代別組織
小学生（少年少女部）、中学生（中等部）、高校生（高等部）の総称
未来部
大学生
学生部
18歳から40歳くらいまでの社会人女性
女子部
18歳から40歳くらいまでの社会人男性
男子部
男子部、女子部、学生部、未来部の総称
青年部
結婚して女子部を卒業した女性。またはおおむね40歳以上の女性
婦人部
男子部を卒業したおおむね40歳以上の男性
壮年部
教義の研さん組織
「教学」と呼ばれる、学会が本尊とする日蓮聖人の教えを会員に教え、伝えていく組織
教学部
方面参事
方面長
方面運営会議
県長
県審査会
県運営会議
県分
圏ゾーン
本部
支部
地区
ブロック
地方組織
芸術部（芸能人）、ドクター部（医師）、文芸部（作家）
文化本部
社会本部
団地部、農漁光部、勝利島部
地域本部
教育部、幼児・家庭教育部
教育本部
国際本部
通訳翻訳部、国際ボランティア部、国際交流部、在日外国人部
職域・地域組織

エリート本部職員の気になる年収は地方公務員と同程度

一般の学会員からの財務（寄付）で生計を立てているのが東京・信濃町にある学会本部をはじめ、全国各地にある会館に勤務する「学会本部職員」だ。

この本部職員たちは宗教法人・創価学会の事務職員であると同時に、学会員としての立場も併せ持つ。学会員としての本部職員は一般の学会員に比べて、若くして高い役職に上がるエリートである。

エリートといえば、さぞ高収入を得ているだろうと思うかもしれないが、実際の年収は「地方公務員と同程度」と現役の本部職員が明かしてくれた。30代後半で年収６００万円ほどだという。

このパートでは、そんな本部職員や一般の学会員の日常生活に焦点を当て、出世、結婚、就職の裏事情について掘り下げていく。

創価エリートの出世すごろく カギは「全国男子部長」の椅子

数百万人もの信徒がいる巨大宗教組織の創価学会において、一握りの最高幹部にまで上り詰めるには何が求められるのか。創価エリートとして勝ち残るための出世すごろくを作ってみた。

信仰に学歴は関係ないが、巨大組織の創価学会で栄達を極めるには、やはり学歴がものをいうようだ。

与党・公明党の創設団体にして最大の支持母体である創価学会。その学会を取り仕切るのが、総本部のある地名から「信濃町官僚」とも称される創価学会の本部職員。公称で800万世帯を超える学会員を支える約2500人の創価エリートたちだ。

学会では今、この本部職員の高学歴化が進んでいる。そんな学会組織で出世の道を歩むのはどんな人材なのか。創価エリートの出世ルートを解読していこう。

まず、学会員の両親を持つ生まれながらにしての学会員、「福子《ふくし》」として生を受けたなら、高校から、「学園」と呼ばれる創価高校もしくは関西創価高校に入るのが黄金コースだろう。本部への就職を考えるなら、大学は当然、創価大学。自薦で学会本部に入れるのは創価大生に限られるからだ。

その際、東京大学や京都大学など難関大学に合格し、これを蹴って創価大に進学するとさらに箔が付くとの指摘がある。

本部でのし上がっていくには、大学時代をどう過ごすかも重要なポイントだという。「体育会や文化系部活動には属さず、大学運営に関わる組織に属するのが理想的だ」（創価大OB）。評価されるのは、大学寮の寮長経験者、また部活動、サークル組織のまとめ役である「学友会」や、「大学自治会（SU）」で活躍した学生で、本部職員から目をかけられやすいそうだ。

そして晴れて学会本部への入職だ。これまでは「池田名誉会長周り」を担当する第1庶務局が出世コースとされてきた。会員奉仕局も優秀な人材が集まるとされる。

本部職員としては、こうした中枢部署を経験しながら、さらに学会員としての実績を積む必要がある。具体的には、「全国男子部長」への就任が、最高幹部に向けた最初の登竜門となる。学会内部では「全男《ぜんだん》」の略称で知られるこのポストは、18歳からおおむね40歳未満の社会人男性が属する「男子部」の総大将で、学会の花形役職だ。

本部エリートの出世すごろく

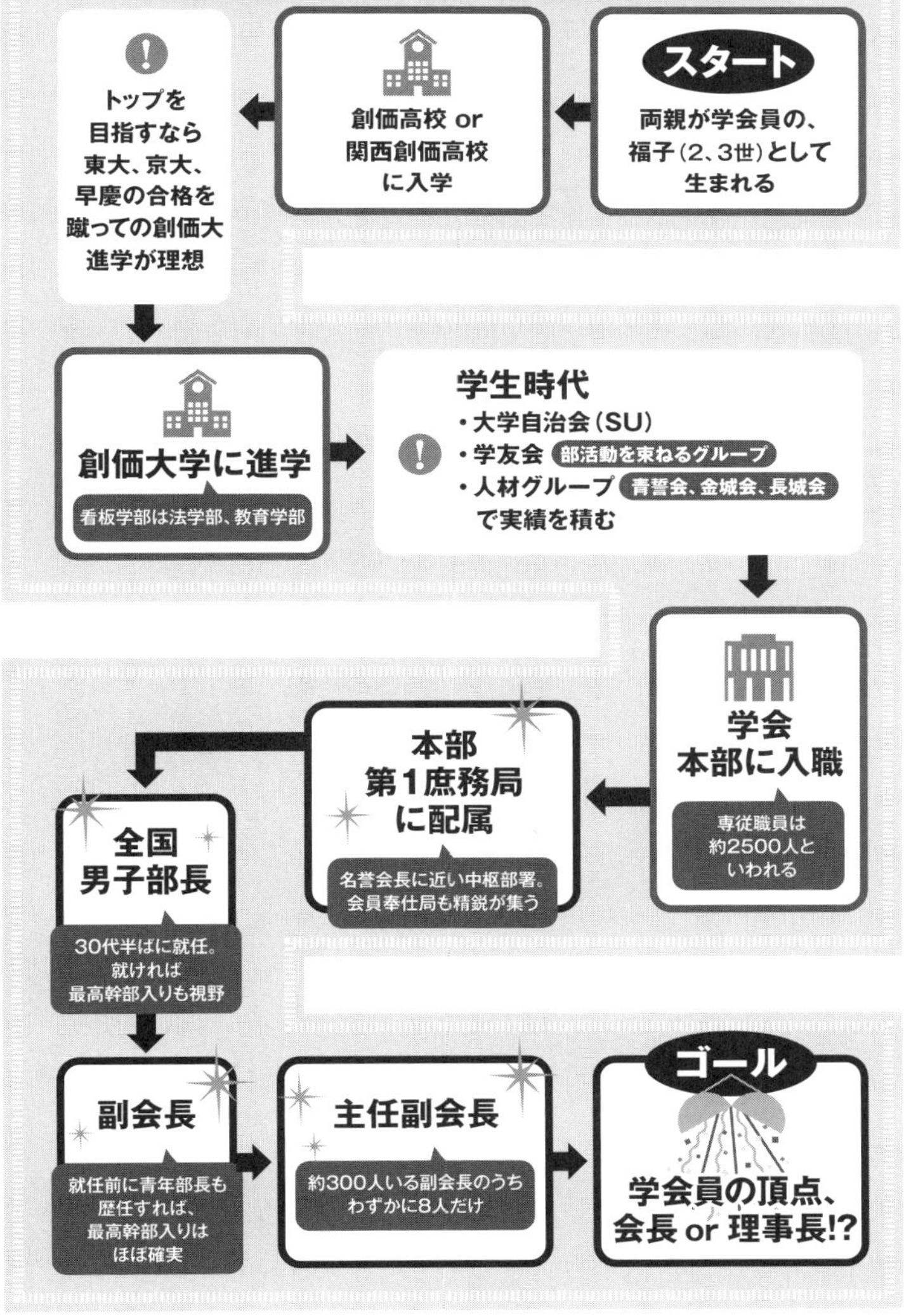
スタート
両親が学会員の、福子（2、3世）として生まれる
創価高校 or 関西創価高校に入学
トップを目指すなら東大、京大、早慶の合格を蹴っての創価大進学が理想
創価大学に進学
看板学部は法学部、教育学部
学生時代
・大学自治会（SU）
・学友会 部活動を束ねるグループ
・人材グループ 青誓会、金城会、長城会
で実績を積む
学会本部に入職
専従職員は約2500人といわれる
本部第1庶務局に配属
名誉会長に近い中枢部署。会員奉仕局も精鋭が集う
全国男子部長
30代半ばに就任。就ければ最高幹部入りも視野
副会長
就任前に青年部長も歴任すれば、最高幹部入りはほぼ確実
主任副会長
約300人いる副会長のうちわずかに8人だけ
ゴール
学会員の頂点、会長 or 理事長!?

過去10代の全国男子部長経験者は、不祥事で失脚した弓谷照彦氏を除き、全員が次なる出世ポストである「全国青年部長」の職に就いている。

その後、全国に約300人いるとされる副会長ポストを経て、わずか8人だけの主任副会長になれれば、いよいよ最高幹部の仲間入りだ。ここからさらに会長、理事長に上り詰めるには運にも左右されるが、足元ではこうした出世構造が揺らぎかねない事態が起こっている。

本部職員の同期入職のうち7～8割が創価大出身者であるにもかかわらず、現在の執行部の中枢にいるのは東大や早稲田大学出身者なのだ。今後はこれまでの常識が通用しなくなるかもしれない。

叩き上げなら本部長までの出世で御の字

学歴がない学会員の場合はどこまでの出世が望めるのか。高卒たたき上げの栄達ルートを見てみよう。

一男子部員として2年も頑張れば、学会員数人を束ねる「ニューリーダー」と呼ばれる役職に就くのが通例だ。さらに活動に励むこと数年、丁目単位の「地区」でのリーダーを経て、

30代で地区部長、支部長と順調に上っていけば、40代で支部を幾つか束ねる本部長になれる。高卒でここまで出世できれば御の字だろう。

30代に入れば、公明党から地方議員選挙に出馬する者もいる。

宗教団体とはいえ、これだけ巨大になると大企業のように〝本部〟と〝現場〟それぞれで熾烈な出世争いがあるようだ。

最高幹部への登竜門

過去の全国男子部長経験者

代	氏名	学歴	その後の主な役職
15	正木正明	創価大学卒	理事長
16	谷川佳樹	東京大学卒	事務総長
17	佐藤 浩	早稲田大学卒	副会長
18	迫本秀樹	東京大学卒	全国青年部長
19	杉山 保	創価大学大学院修了	副会長
20	弓谷照彦	創価大学大学院修了	不祥事で失脚
21	佐藤芳宣	一橋大学卒	全国青年部長
22	棚野信久	創価大学卒	全国総合青年部長
23	橋元太郎	東京大学卒	全国青年部長
24	竹岡光城	創価大学卒	全国青年部長

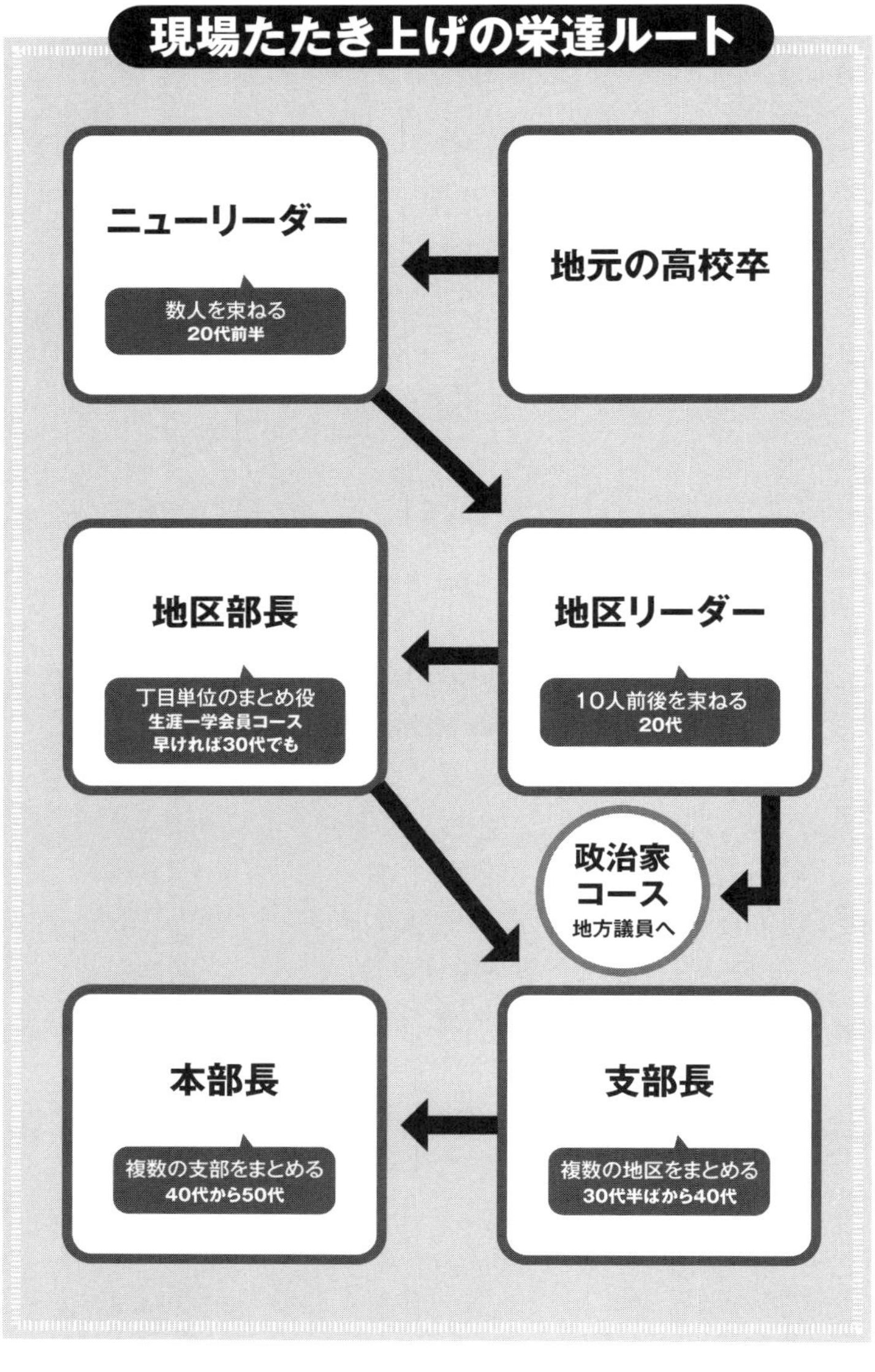
現場たたき上げの栄達ルート
地元の高校卒
ニューリーダー
数人を束ねる
20代前半
地区リーダー
10人前後を束ねる
20代
地区部長
丁目単位のまとめ役
生涯一学会員コース
早ければ30代でも
政治家
コース
地方議員へ
支部長
複数の地区をまとめる
30代半ばから40代
本部長
複数の支部をまとめる
40代から50代

さまざまな業界に根を張る職業別㊙サークルの正体とは

創価学会の内部では、さまざまな階層で会合が開かれる。性別、世代別、地域別といった具合だが、一般にほとんど知られていない職業別の㊙サークルもある。学会の組織力の秘密を探った。

「銀波会」「空友会」「大鳳会」――。一般にはなじみのない会合名だろう。実はこれ、創価学会員が集まる業界別の〝サークル〟なのだという。

銀行員によって結成されたのが銀波会、パイロットやキャビンアテンダントが集う空友会、そして外務省職員で構成される大鳳会といった具合だ。

学会では、壮年部や青年部など世代別の組織だけではなく、職業別のさまざまなサークルで横のつながりを持ち、人知れず結束を強めているのである。

128ジペーの表を見てもらいたい。社会ではエリートといわれる銀行員や研究者から、商店経営者、理・美容師、薬剤師、果ては芸能人まで、学会は、多種多様な業界に根を張ってい

外交官、弁護士からCAまで

学会の職業別グループ

名称	職種
大鳳会	外務省職員
旭日グループ	創価大学出身の司法試験合格者
銀波会	銀行員
空友会	パイロット、客室乗務員
波濤会	外国航路の船員
華冠グループ	美容師、エステティシャン
白樺会	看護師、助産師
星辰会	理容師
月光会	商店経営者
薬王会	薬剤師
白鳳会	青年部と男子部に属するデザイナー
文芸部	作家
芸術部	芸能人
学術部	学者、研究者

ることがお分かりだろう。

こうしたサークルはもともと、学会が月に1度程度開いている「座談会」や「全国幹部会同時放映会」といった会合への参加が、職業上、時間的制約があり困難だった学会員たちが結束。個別に学会幹部を呼んで、仏法の勉強会を行ったことが由来だとされる。

それが今日では、特定の職業の学会員たちが集まる信心研さんの場として機能しているのだという。

「仏の軍勢」は今も健在 何事も自分たちで賄う 軍隊並みの自己完結

こうしたサークルの中で、「部」が付くものは、学会内でも特別な位置付けだとされる。なぜなら、学会内部では「芸術部員」「文芸部員」といえば、それぞれ芸能人、作家として学会側から公式に認められた存在だからだ。一般の学会員たちからは、尊敬のまなざしが向けられる。

芸術部には、女優の岸本加世子さんや久本雅美さん、また文芸部には作家の古川智映子さんが属していることが知られている。

こうしたサークルは職業別に限らない。

かつて「仏の軍勢」と称された学会の組織づくりは軍隊と似ているところがある。そもそも軍隊は何事も自分たちで賄う自己完結性を旨とする。学会も組織運営の多くを学会員自らが担っている。

例えば、幹部の警護部隊や会館周辺の警備部隊など、巨大組織を裏方として支える「人材グループ」というサークルが存在する。

その最たる例が「金城会」であろう。

池田大作名誉会長のボディーガードを務める彼らは名誉会長の急な移動にも備えるため、比較的時間の自由が利く自営業者や大学生の中から選抜された、信仰心のあつい精鋭の男性会員たちだ。

また、学生部において、優秀と太鼓判を押された学生の中には、「池田学校」への〝入校〟を許される者もいる。この学校も一種のサークルであり、学会員にとっての聖地、東京・信濃町の創価学会本部でのアルバイトという特権が与えられる。卒業後は学会本部職員となる場合が多く、将来、学会幹部への道が開かれる。

積極的に学会活動に取り組む20代後半から30代前半の男性会員なら「創価班」や「牙城会」、また、独身女性なら「白蓮グループ」から声が掛かることが多い。

会館周辺の警備や会合運営の裏方として活動する彼・彼女らは、「池田名誉会長の側に立った戦い」を求められ、約1年の任期を勤め上げると地域幹部への道が開かれるという。

このように学会では、世代別組織の縦軸だけでなく、職業や組織運営に関わるサークルという横軸でも密接につながっており、縦横無尽の組織網を築いている。

さて、このサークルにはそれぞれカラーがある。時に、「池田先生のために命を捨てよ」と激しいげきが飛ぶこともあるという金城会や「長城会」に見られるようなイケイケの超体育会系のところもあれば、あくまでも信心や教義の研さんの深化のみを話題とする文化系的なもの、中にはバーベキューや飲み会の話題が中心で、「大学の軟派系サークル」ノリのところまであるようだ。

この異なるカラーを〝信心〟という一点に集約、組織化を図るところが学会の強みといえよう。

「池田学校」に入れれば幹部候補?

名誉会長と"学会"を守るグループ

名称	任務内容	所属部
池田学校	創価学会本部でのアルバイトを認められた大学生。将来の幹部候補生。	学生部
金城会	信仰心のあつい会員から選抜された精鋭。池田名誉会長のボディーガード部隊。通称「マル金」。	男子部、学生部
長城会	池田名誉会長のボディーガード部隊。副会長子弟や地元で裕福な学生が多いという。通称「マル長」。	学生部
転輪会	池田名誉会長の警備、車の運転。信心強盛な会員のえりすぐり。	学生部
広宣部	教義上対立する宗教への論戦に挑む論客の集まり。創価班に属する男子部員から特に選抜された者たち。	男子部
教宣部	創価学会の信仰・教義を深化、日蓮正宗との法戦に備える理論派、論客の集まり。内部での活動がメーン。	壮年部、婦人部、男子部、女子部

学会員にはおなじみの「創価班」「牙城会」

会館運営をサポートするグループ

名称	任務内容	所属部
創価班	会館周辺の警備、手荷物チェック、駐車場の誘導。	男子部
牙城会	会館の管理、戸締まり。	男子部
白蓮グループ	手荷物検査、受付。	女子部
香城会	受付、音響、障害のあるメンバーへのサポート。	婦人部
サテライト・グループ	本部幹部会をはじめとする同時放映(同放)時、衛星放送機材を取り扱う。	部関係なし
誓城会	もともとは「学生部創価班」として発足。大学生版の「創価班」。	学生部
鉄人会	会場の設営、撤去を行う。	男子部

COLUMN

創価学会は男性優位？副会長300人に女性ゼロ

「1日3時間のお題目を上げて祈り落として縁した旦那さまです。これからは婦人部の一員に仲間入りさせていただき、〝広布の母〟になります」。創価学会本部に勤めていた女性職員は寿退職のあいさつでそう語ったという。

ほぼ100％、学会員で占められている学会本部や創価大学といった〝創価〟の名の付く職場では、女性は結婚すると退職するのが不文律だという。

「新卒者採用時の男女比は、圧倒的に女性が多い。寿退職するのを見越してのものでしょう。もっとも結婚後も働き続けたいという女性もいませんが」と、学会関係者は女性職員の内実を明かした。

結婚すれば専業主婦となって、「婦人部」の一員として家庭、そして学会を守っていくのが、女性学会員の生きる道なのだという。「池田大作名誉会長や学会の教えを一人でも多くの人に伝える『広布の活動』にまい進することこそ学会員としての幸せ」（同関係者）と考えているからだ。

男女雇用機会均等法施行から30年以上たつ平成の時代においても、「女性の働く権利の侵害だ」と声を上げる気配すらないのは、こうした背景によるものである。

しかも、婦人部のトップである「婦人部長」に上り詰めたとしても、それ以上の栄達はない。というのも、女子部員の数が168万人（公称）と、男子部員数の6割に達しているにもかかわらず、全国で約300人いるとされる学会の副会長に就いた女性は過去に一人もいないのだ（2016年6月時点）。

男社会の創価学会だが、婦人部から不満が出てこないのもまた、仏道修行のたまものなのだろうか。

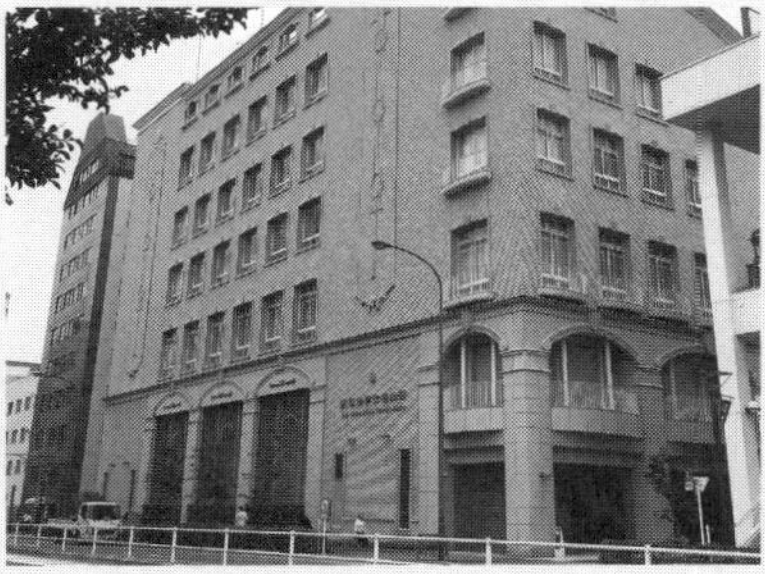
学会員たちの聖地である創価学会総本部（東京・信濃町）

創価大の秘密

親密度が一目瞭然!?
卒業生の大手400社就職事情

創価学会の幹部養成学校としても機能する
創価大学だが、もちろん、学生たちは一般企業にも就職する。
偏差値はそれほど高くないものの、
名だたる大企業に多くの卒業生を送り込んでいるという。
中には親密関係にある企業も含まれているようだ。
ここでは創価大の就職の秘密に迫った。

K.O.

金融系が積極採用!?

創価大卒の採用数ランキング

順位	企業名	8年間の創価大卒の採用数(人)	8年間の新卒採用数(人)
1	三菱東京UFJ銀行	54	10,143
2	積水ハウス	35	3,384
3	日本IBM	34	1,539
3	ファーストリテイリング	34	1,919
5	伊藤園	32	1,217
6	大塚商会	28	1,644
6	ニトリホールディングス	28	2,277
6	エイチ・アイ・エス	28	3,564
6	大和ハウス工業	28	3,727
6	NECグループ	28	4,372
11	トランスコスモス	27	2,392
11	ソフトバンクグループ	27	3,876
11	日本生命保険	27	9,076
11	三井住友銀行	27	10,104
11	みずほフィナンシャルグループ	27	11,968
16	りそなグループ	25	5,045
17	清水建設	24	1,629
17	セブン&アイグループ	24	3,148
17	第一生命保険	24	4,718
17	日立製作所	24	5,342
21	セコム	23	773
22	日本通運	22	2,126
22	明治安田生命保険	22	5,057
24	富士通グループ	21	4,817
25	アクセンチュア	20	1,261
25	パナソニック	20	3,773
27	大林組	17	1,720
27	野村證券	17	4,577
29	青山商事	16	1,521
30	レオパレス21	15	2,697
31	三菱UFJモルガン・スタンレー証券	14	1,825
31	三菱UFJ信託銀行	14	1,981
31	JTBグループ	14	4,517
34	富士ソフト	12	936
34	SMBC日興証券	12	2,741

創価大卒の採用数では、メガバンクや大手生保など、
金融大手が複数上位に入った

*2008〜15年の大学通信「有名企業400社就職データ」を基に週刊ダイヤモンド編集部作成

「昨日の新聞に池田先生のご指導が載ってたよね」――。東京・八王子市。キャンパス内でごく普通に「信心」が語られている、ここは創価大学。言わずと知れた創価学会の幹部養成学校だ。

ただ、学会本部で最大派閥の創価大出身者は、前述の通り、他大学出身者に押され気味だという。ところが、学生最大の関心事である就職となると、全く事情が異なってくる。

多くの学部の偏差値が40台半ば程度にもかかわらず、その就職先は東京六大学並みなのだ。三菱東京ＵＦＪ銀行や日本ＩＢＭなど、名だたる大企業に数多くの卒業生を送り込んでいる。

毎年就職を希望する約８００人のうち、実に約4分の１もの学生が大手４００社に就職しているほどで、就職戦線においては、間違いなくお得な大学なのだ。

ＯＢ・ＯＧが指導 創価大学伝統の「国家試験研究室」

就職だけではない。資格取得でも創価大は実績を挙げている。

例えば難関資格の代名詞、司法試験には、２０１５年は78人が受験、14人が合格した。17・9％という合格率は私立大学では6位という健闘ぶり。さらに、公認会計士、外務省専門職員などの試験でも、司法試験同様、コンスタントに合格者を輩出している。

開学時、大学側は卒業生が就職するに当たって苦労を強いられると予測したという。新設校であること、そして〝創価〟という大学名、これがいわれなき偏見の目に晒されることは当の大学側も察していたのかもしれない。

そこで大学側が学生に勧めたのが資格取得だ。

「社会で必要な人材となりなさい。誰からも認められる実力を示すために資格を取りなさい」

その思いに応えた学生たちが、弁護士や公認会計士となって、後輩たちの面倒を見るようになった。後輩たちは、「いつかは自分も先輩のように……」との思いを新たにする。これが、各界で活躍するOB・OGが資格取得を目指す現役生を手取り足取り指導する、創価大伝統の「国家試験研究室」の始まりとされる。

就職に話を戻すと、実のところ、当の学生はどうも有名企業への就職を積極的には希望しないらしい。

在学中は学内で信心を磨き、その功徳として就職の縁が決まると考えるからだ。他大学の学生とは違い、どこか浮世離れしている創大生。信仰に裏打ちされた真面目さは企業側にとっては〝買い〟なのかもしれない。

就職先がいい割に偏差値はほどほど

創価大学の学部別偏差値

学部	偏差値
国際教養	55
教育	45〜50
看護	47.5
経済	42.5〜47.5
理工	45
法	42.5〜45
文	42.5〜45
経営	42.5

出所:旺文社　2016年時点

創価大学の看板学部といえば、創立者が注力した法学部と教育学部

約87万m²の広大な敷地にある東京・八王子市の創価大学。創価学会員にとっては観光地でもある　K.O.

有名企業の経営陣に上り詰める

創価大学出身の主な社長・役員一覧

氏名	社名	役職	出身学部	卒業年次
武田芳明	毎日新聞社	専務取締役	文	75年
桐谷篤輝	大林組	常務執行役員	法	76年
古賀和則	バスクリン	社長	法	77年
佐光正義	大王製紙	社長	法	78年
髙見和徳	パナソニック	副社長	経済	78年
一宮忠男	ヤマダ電機	副会長	法	80年
一木弘信	西日本新聞社	取締役	経済	81年
田中和幸	スタジオアリス	取締役	経済	81年
星野康二	スタジオジブリ	社長	文	81年
貝方士利浩	田淵電機	社長	経営	85年

*各種資料を基に週刊ダイヤモンド編集部作成

社名・役職は2016年6月時点

司法試験合格者は300人超!

創価大学の難関試験合格者数(累計)

司法試験	324人
公認会計士試験	225人
税理士試験	205人
国家公務員総合職試験	51人
外務省専門職員試験	58人
地方公務員試験	約1800人
教員採用試験	約7100人

国家試験研究室(通称:国研)なる難関資格・試験の突破を目指す学内サークルがあり、OB・OGが講師となって指導してくれる

出所:創価大学

*司法試験は2016年9月現在、公認会計士試験は16年11月現在、それ以外はいずれも17年1月現在。

大手、外資系企業に強い!?

大手企業の新卒採用に占める創価大卒の比率ランキング

順位	企業名	8年間の創価大卒の採用比率(%)	8年間の新卒採用数(人)	うち創価大卒の採用数(人)
1	セコム	2.98	773	23
2	伊藤園	2.63	1,217	32
3	日本IBM	2.21	1,539	34
4	ファーストリテイリング	1.77	1,919	34
5	大塚商会	1.70	1,644	28
6	アクセンチュア	1.59	1,261	20
7	清水建設	1.47	1,629	24
8	日本旅行	1.46	618	9
9	富士ソフト	1.28	936	12
10	協和発酵キリングループ	1.23	730	9
11	ニトリホールディングス	1.23	2,277	28
12	日本ヒューレット・パッカード	1.18	592	7
13	トランスコスモス	1.13	2,392	27
14	青山商事	1.05	1,521	16
15	テルモ	1.04	768	8
16	日本通運	1.03	2,126	22
17	積水ハウス	1.03	3,384	35
18	大林組	0.99	1,720	17
19	SCSK	0.95	1,154	11
20	戸田建設	0.93	862	8
21	サイゼリヤ	0.87	803	7
22	日本マクドナルドホールディングス	0.87	690	6
23	鹿島	0.81	1,359	11
24	すかいらーく	0.79	509	4
25	エイチ・アイ・エス	0.79	3,564	28
26	ローム	0.77	782	6
27	三菱UFJモルガン・スタンレー証券	0.77	1,825	14
28	セブン&アイグループ	0.76	3,148	24
29	富士ゼロックス	0.76	1,323	10
30	大和ハウス工業	0.75	3,727	28
31	竹中工務店	0.71	1,272	9
32	三菱UFJ信託銀行	0.71	1,981	14
33	ソフトバンクグループ	0.70	3,876	27
34	三越伊勢丹ホールディングス	0.69	1,443	10
35	NECグループ	0.64	4,372	28

大手企業の新卒採用に占める創価大卒の比率では
意外にも外資系企業が複数上位にランクイン

*8年間の採用が合計500人未満の企業は除外した。順位は小数第3位以下も加味している。

2008～15年の大学通信「有名企業400社就職データ」を基に週刊ダイヤモンド編集部作成

写真提供：「しんぶん赤旗」編集部

Part 4 躍進か没落か日本共産党の秘密

与党の鍵を握るのが公明党であり、創価学会ならば、
野党の鍵を握るのは日本共産党だろう。
躍進と没落の狭間で揺れる共産党の内幕に迫るとともに、
そのビジネスモデルや歴史を完全解剖した。

若い世代は躍進する共産党に「保守」のイメージを抱く？

革新政党の代表であったはずの日本共産党。ところが、若い世代の有権者は、共産党に「保守」のイメージを抱いているという。「確かな野党」として支持層を広げている現状を追った。

「保守」と「革新」に関する興味深い論考がある。２０１４年の2月から3月にかけて早稲田大学の研究者らが実施したウェブ調査をまとめたものだ。

この調査結果では、自民党を「保守」、そして日本共産党を「革新」の両端に置くという伝統的な「保革イデオロギー」について、50代以上の層は正しく認識していたが、40代以下の有権者の間では共有されていないことが明らかになった。

40代以下の有権者が共産党の代わりに「革新」側に置いたのは日本維新の会だった。20代、30代の有権者はむしろ共産党を「保守」側の政党と認識する傾向にあり、保革イデオロギーに対する認識には、50歳を挟んで世代間の断絶があることが浮き彫りになった格好だ。

日本におけるイデオロギー対立は、保守陣営と革新陣営との安全保障をめぐる対立を基本軸に政党間対立が展開されてきた。しかし、冷戦終結以降、対立構造が見えにくくなる中、若い有権者は、変えようとしない政治勢力を「保守」と認識するようになった可能性がある。また、高齢層が抱くような武装闘争や暴力革命路線といった共産党の過激な歴史は人々の記憶から徐々に薄れ、ブラック企業対策など弱者の目線から、ぶれずに政権と対峙してきたイメージが強まっているともいえそうだ。

選挙プランナーの松田馨氏は、「若い世代には共産党に対するネガティブなイメージはなく、共産党は13年のネット選挙解禁以降、うまく若年層や無党派層を取り込んでいる」と指摘する。

実際、04年から3連敗していた参院選の東京選挙区では、13年と16年にそれぞれ約70万票、約66・5万票を獲得し、連勝を果たしている。

「確かな野党」と開き直り、たとえ与党になれなくても存在意義はあるとの立場を鮮明にして支持基盤を広げてきた共産党。16年夏の参院選ではついに「野党共闘」にも踏み切った。「安倍1強」による強引な政権運営が続いたこともあって、国政でも都政でも「確かな野党」への期待は確実に高まっている。しかし、支持層の広がりとは裏腹に、組織の土台となるべき党員勢力には限界を指摘する声も聞こえてくる。

野党共闘でまさかの急浮上も内部には二つの崩壊の〝火種〟

2016年夏の参院選では、日本共産党が前代未聞の野党共闘に踏み切った。反自民の世論もあって、共産党には近年になかったほどの追い風が吹くが、組織内部に目を向けると、二つの大きな火種がくすぶっている。

2016年7月の参議院選挙の野党共闘で、〝アリの一穴〟となる重要な動きがあった。舞台は香川選挙区だ。

6月3日、日本共産党の香川県委員会の松原昭夫委員長と、民進党の香川県総支部連合会で代表を務める小川淳也衆議院議員はある確認書を交わしていた。

ポイントは五つある。両党が手を組むに当たって、①私有財産を保障する、②野党共闘に共産党の政策を持ち込まない、③天皇制は現行憲法の全条項を守る、④選挙での政権交代を堅持する、⑤政教分離の原則を徹底させる。

香川県では、野党統一候補として、民進党の候補者を取り下げる代わりに、日本共産党の

日本共産党は地方に強い

地方議員数・議席占有率の推移

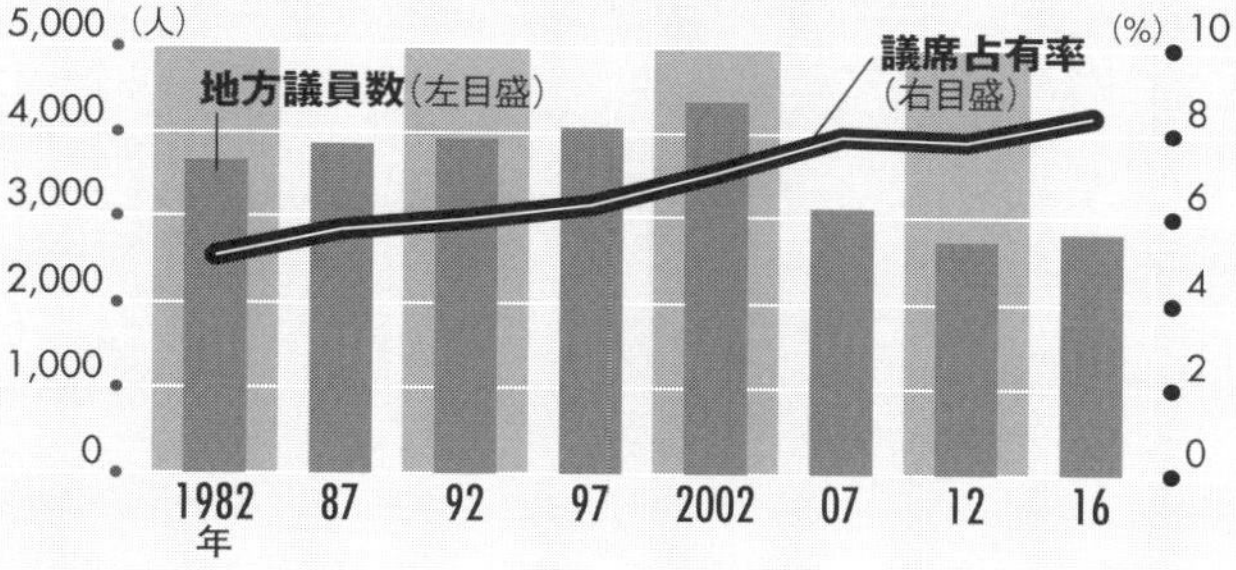

出所：日本共産党中央委員会 自治体局

国会でも再び上昇の兆し

衆院選・参院選での獲得議席数の推移

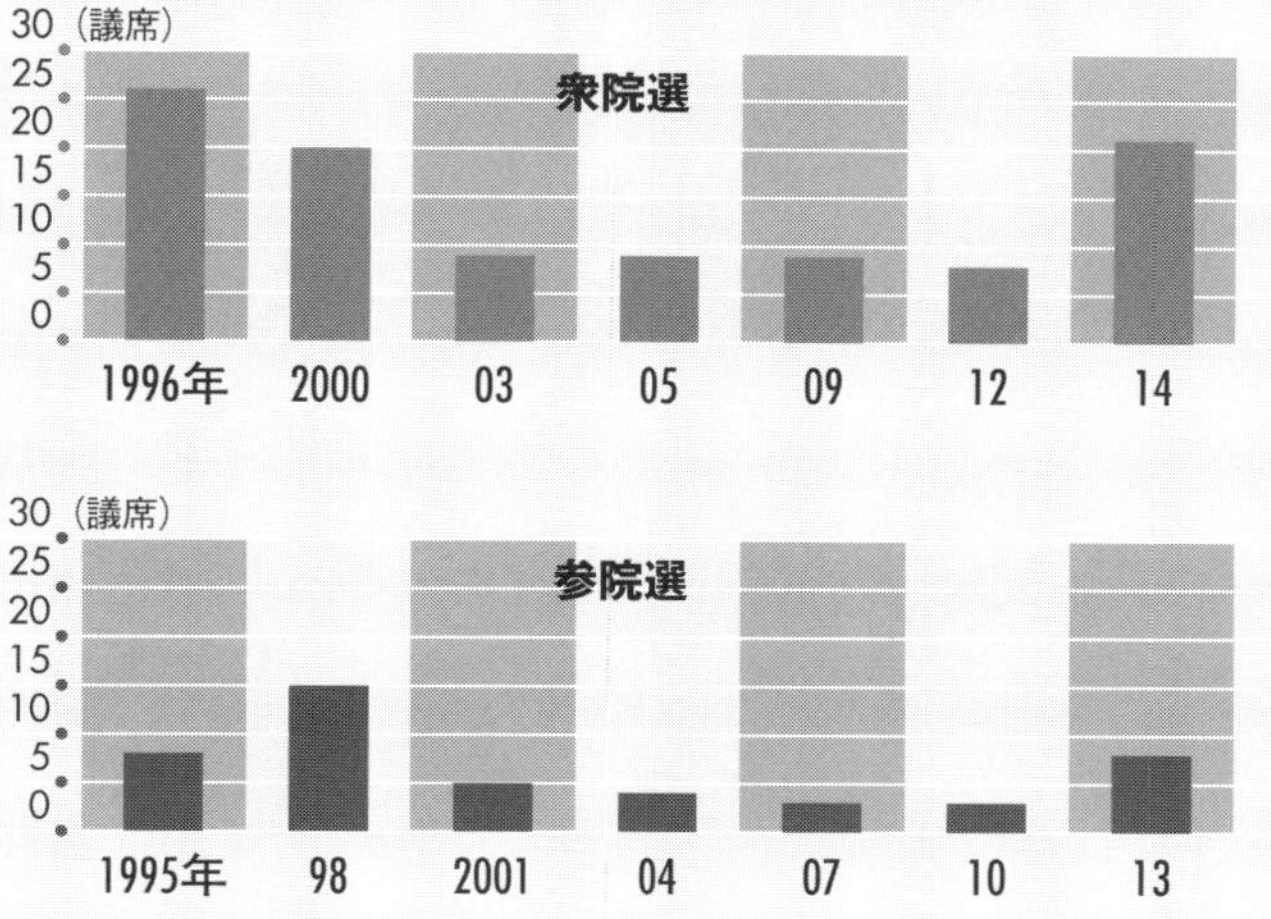

＊総務省統計

候補者を立てることにした。この確認書は、〝共産党アレルギー〟を持つ民進党の支持者に対して「日本共産党は危なくないですよ」と説得するために使う材料だった。

つまり、民進党は、日本共産党の方針をまとめた「綱領」（176ページで解説）に書いてある内容を確認した上で、「これなら大丈夫」と天下に公言したことを意味する。

16年の野党共闘がアリの一穴になり得たのは、確認書を交わしたことで、民進党には過去のように日本共産党を毛嫌いする理由がなくなったからだ。そして、政策の違いを乗り越えられるという〝実績〟ができたので、より踏み込んだ共闘を模索することができる。

予兆はあった。16年夏の参議院選挙の前哨戦となった4月23日の衆議院北海道5区の補欠選挙で、〝珍事〟が起きた。かつて「日本共産党の本質はシロアリ」と発言したことのある民進党の前原誠司衆議院議員が、日本共産党の小池晃書記局長と並んで選挙カーの上で応援演説をしたのである。

結局、香川県の候補者は落選したが、以前には考えられないことが起こったのだ。

現在の〝勢い〟を〝党勢〟の拡大に結び付けられず

あまり指摘されないが、日本共産党は地方に強い。15年の総務省調査によれば、地方議員の数は、自由民主党（３３５１人）、公明党（２９２１人）、共産党（２８１７人）と第３党なのだ。

とりわけ、15年４月の統一地方選挙では、初めて全ての都道府県議会に議席を確保した。地方議員の総定数に占める割合（議席占有率）は、市町村合併の影響で自治体の数が減ったものの、過去最高となる８・42％に達した。

加えて、議会での党派構成では、第２党となっているのが京都府議会（自民党28、共産党14）、京都市議会（自民党20、共産党18）、沖縄県議会（自民党14、共産党６、社民党６）。第３党となっているのが宮城県議会（自民党32、県民の声10、共産党８）、東京都議会（自民党56、公明党23、共産党17）と複数ある。日本共産党は、半世紀以上前から、地方議員を増やす方針を取ってきたが、いつの間にか力を付けていたのである。

さらに、国会に目を転じれば、衆議院でも、参議院でも、上昇の機運が見られる。16年夏の参議院選挙に向けた日本共産党の目標は、比例代表で８５０万票以上、９議席の獲得としていた。選挙区については、13の定数区・複数区の全てで議席の獲得を目指すなど、〝攻める姿勢〟を明確にしたのである。

その舵取り役である党首の志位和夫委員長は「野党の統一候補が実現した全国32の１人区

部数のピークは36年前

「赤旗」の部数・党員数の推移

年	部数	党員数
1961年	34万部	8万部
1966年	100万部	30万部
1976年	300万部	38万部
1980年	355万部	44万部
1994年	250万部	36万部
1997年	230万部	37万部
2000年	199万部	38万部
2006年	164万部	40万部
2010年	145万部	40万部
2014年	124万部	30万部

↓

過去36年間で
部数は65%減の大ピンチ！

＊取材を基に週刊ダイヤモンド編集部で作成

では、勝利を勝ち取るために全力を挙げて臨む」と力を込めて語った。

目下のところ、〝勢い〟に乗っているかに見える日本共産党だが、足元では内部の人的・財政的基盤が大きく揺らいでいる。機関紙の「しんぶん赤旗」（以下、「赤旗」と省略）の発行部数と党員の数が年々減り続けているのだ。最大の問題は、現在の勢いを〝党勢〟の拡大に結び付けられないことである。

これまで日本共産党は、何度も「赤旗」の部数と党員数を増やす対策に取り組んできたが、これといった有効な打開策を見いだせていない。15年1月に公表された党員数は、30万5000人で、ピークだった1987年の48万7000人から37％も落ち込んでいる。

部数に関しては、日本共産党がＴＰＰ（環太平洋戦略的経済連携協定）に反対の論陣を張っていることから、農業協同組合（ＪＡ）や医師会など利害の一致する読者が増えてきた。野党連合により、他党の関係者が読むようにもなった。

だが、どれも〝焼け石に水〟である。長期凋落については、いくら豪胆な志位委員長でも、人知れず頭を抱えているはずである。

日本共産党は貧乏？金持ち？〝ドル箱〟に大異変の台所事情

他の政党とは異なり、日本共産党の財務基盤は非常にシンプルで弱点もはっきりしている。だが、なぜ長らく続く低落傾向は止まることがないのか。台所事情も含めて実態に迫ってみた。

日本共産党は、政党の中では唯一、国から配分される政党助成金をもらっていない。その上、企業・団体からの献金も一切受け取っていないことで知られている。

では、彼らの台所事情は実際のところ、どうなっているか。政治資金収支報告書などで明らかになっているように、ビジネスモデル自体は極めてシンプルだ。①機関紙「赤旗」などの販売による収入、②党員が自ら所属する支部に納める党費、③個人からの寄付——というのが三大収入源である。

ドル箱は、「赤旗」などによる収入で、2015年度は約190億円を稼ぎ出し、収入の約80％に達した。約190億円という事業規模は、少し大きい地方紙と同じくらいで、実質的に日本共産党の経営は新聞社のそれと同義といえる。

他の新聞社と異なるところは、新聞の配達や購読料の回収などを党員がボランティア（一部当たり数円）で行っている点だ。多くは定年退職者の党員だが、受け持ちの地域で配達を済ませてから出勤するという現役の党員もいる。

また、毎月、党員が納める党費も貴重な収入である。実収入の1％（自己申告）を納めることが決まっている。例えば、月収30万円の党員は、3000円の党費を支払うことになる。この3000円は、いったん会社や学校などの単位で活動する支部に納められてから、その地域の地区委員会、その上の都道府県委員会、さらに上の中央委員会という順番でシェアされて、それぞれの活動費に充てられている（153ページの図を参照）。

これ以外にも、党費と併せて納める基金や募金（一口100円。強制ではない）がある。「供託金支援基金」（党員が国政選挙に立候補する際に一人当たり300万円掛かる供託金を支援する基金）、「救援・救済基金」（党員や支持者が活動中に発生した事故の見舞金などに充てる基金）、「議員活動援助基金」（議員報酬が少ない地域で活動する党員の生活を助ける基金）などがこれに当たる。

また、いかにも日本共産党らしいのが「空白克服恒常募金」だ。議席のない自治体をなくすために、その土地に移住して立候補する党員の活動を援助する募金である。

選挙で負けても本気で反省する文化がなかった

最大の悩みは、何よりも「赤旗」の部数だ。巷間言われる党としての勢いとは裏腹に、屋台骨を支える新聞が減り続けている。主力事業の長期低落は、企業のみならず、政党にとっても死活問題となる。部数のピークは１９８０年で、約３５５万部と大手紙並みの部数を誇っていた。最も信用できる数字（14年1月の第26回党大会で発表）によれば約１２４万部なので、65％も減少した計算になる。

約１２４万部の内訳は、約１００万部が「日曜版」である。党員の数は約30万人なので、党員ではない読者が約70万人いる。「日刊紙」は約24万部で、読者はほとんど党員と考えられる。２～３年に一度の党大会のたびに高齢の党員の数が減っていることから、すでに20万部に近づいている可能性すらある。

また、今から20年前の95年度の状況と比べると、党費による収入も半分以下に激減している（１５４ページの表を参照）。経年データで見ると、90年代は３００億円台で推移してきた党の収入は、05年以降は２００億円台に下がる。その後もジリジリと下がっており、１００億円台に下がるのも時間の問題だ。これは、企業であれば経営者の責任問題にまで発展するレベルの失態である。

ではなぜ、政党助成金の受け取りをかたくなに拒むのか。「赤旗」による説明はこうだ。「政党助成金は、企業・団体献金とともに、政党を堕落させる腐食源となっています。本来政党は共通の理念で結集し、政策を掲げて国民の支持をえて活動する自主的な結社であり、党費と個人献金など国民からの浄財でその資金がまかなわれるべき」。

また、ある党員はこう打ち明ける。「これまで日本共産党は、選挙で負けたとしても、『わが党は議論をリードした』と言えれば、党内の皆が何となく納得していた」。

まさに、〝共産党〟は食わねど高ようじ、というわけだ。

とはいえ、すでにジリ貧の状態に陥っている日本共産党にとって、若い党員の数を増やさなければ組織が維持できなくなる。そういう意味で、16年の野党共闘は〝最後のチャンス〟だったかもしれない。

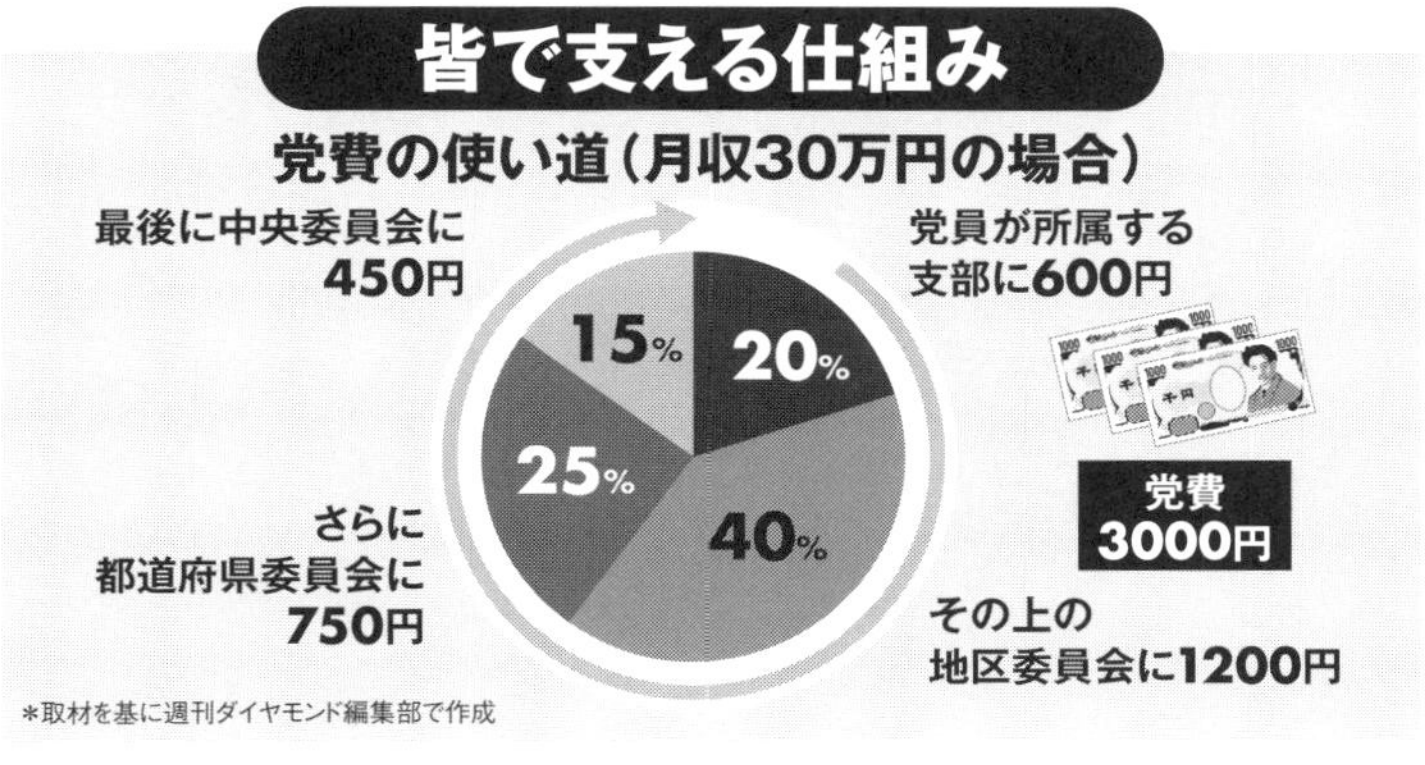

＊取材を基に週刊ダイヤモンド編集部で作成

「党費」は「寄付」の3倍近く

1995年度の収入・支出の内訳

[収入]		(構成比)
党費による収入	13億4271万円	(4.3%)
個人の寄付による収入	4億8932万円	(1.6%)
機関紙・誌事業による収入	277億9563万円	(89.4%)
その他の収入	14億7681万円	(4.7%)
計	311億0447万円	
[支出]		
経常経費	45億1145万円	(14.7%)
機関紙・誌を発行する費用	222億6469万円	(72.7%)
その他の政治活動の費用	38億6536万円	(12.6%)
計	306億4150万円	

「寄付」が「党費」を上回る

2015年度の収入・支出の内訳

[収入]		(構成比)
党費による収入	6億4287万円	(2.7%)
個人の寄付による収入	7億0713万円	(3.0%)
機関紙・誌事業による収入	189億9700万円	(79.8%)
その他の収入	34億7304万円	(14.6%)
計	238億2004万円	
[支出]		
経常経費	43億1554万円	(18.3%)
機関紙・誌を発行する費用	130億5183万円	(55.3%)
その他の政治活動の費用	62億3575万円	(26.4%)
計	236億0312万円	

出所：政治資金収支報告書など

COLUMN

〝再発見〟の切り札となる日本共産党のゆるキャラ

日本共産党らしくない展開で世間の注目を集めているのが、インターネット上の選挙運動が解禁された2013年春に登場した「カクサン部!」である。

これまで政治というものに関心を持たなかった若者たちに向けて、ネット上で日本共産党の主張を発信する狙いがある。仮想敵であるはずの米国「ウォール・ストリート・ジャーナル」紙では、一面で取り上げられた。

全部で8体いるオリジナル・キャラクターは、それぞれ固有のストーリー（背景）と役割（任務）を持っている。右上から順に紹介すると、①「反原発」担当部員のオテントSUN、②「子育て・教育」担当部員の小曽館育子、③「雇用」担当部員の雇用のヨーコ、④「カクサン部!」部長の賀来三四郎、⑤「節税」担当部員のがまぐっちゃん、⑥「反TPP」担当部員の俵米太郎、⑦「憲法」担当部員のポーケン師匠、⑧「沖縄」担当部員のしいさあ、である。

どれも日本共産党が重視する政策にちなんだものであり、メンバー全員がツイッターのアカウントを持っている。党の宣伝部では、キャラクター別の担当者が情報を発信する。

しかし、情報発信といえばチラシやビラなどに頼っていた日本共産党で、なぜ、このようなゆるキャラが誕生したのか。生みの親であるリーダーの田村一志氏は、こう明かす。

「最初は付き合いのある経営者たちとの本音

ベースの雑談から始まった。その後、日常的に仕事をしているクリエイティブ関係の人たちと、細かい設定などを詰めていった」

最もこだわったのは、普段のチラシやビラとは使う言葉も文法も全く異なる点で、若者たちに〝身近な問題〟として感じられる世界観を打ち出すことだったという。

16年夏の参議院選挙で初めて投票することになった18、19歳に対し、カクサン部！は日本共産党を〝再発見〟してもらうための大きな切り札となり得たか――。

次なる課題は、いかにして若者たちに「赤旗」の読者になってもらうか、であろう。

第1期のオリジナル・キャラクター。今後は、選挙のたびに新しいメンバーが加わる予定だ

図解 古今東西のスターで振り返る日本共産党・95年の“茨の道”

時間の流れ

源流

「共産主義思想」の始祖
カール・マルクス
（1818～83年）
哲学者・経済学者・革命家。フリードリヒ・エンゲルス（1820～95年）と協力して科学的社会主義を確立

マルクス主義を発展させた
ウラジーミル・レーニン
（1870～1924年）
1917年、世界で初めて成功した社会主義革命（ロシア革命）で主導的役割を果たす。主著は『国家と革命』

戦前の有力者

今も尊敬される理論的指導者
野呂榮太郎
（1900 ～ 34年）
在野のマルクス経済学者。戦前、日本共産党が非合法政党だった時代には幹部として組織のために奔走する

教科書にも載る悲劇の作家
小林多喜二
（1903～33年）
プロレタリア文学の代表的な小説家で『蟹工船』で知られる。共産主義者として、官憲による拷問で殺された

転向

世界を飛び回ったフィクサー
田中清玄
（1906～93年）
戦前の非合法政党だった時代の一時期、“武装共産党”時代の委員長。右翼に転向後、実業家として活躍する

←次ページへ続く

これまで世界で数多くのインテリの心を虜にしてきた共産主義には、常に危険な香りが付きまとう。しかも、門外漢にはよく分からない世界でもある。そこで、現在の日本共産党の指導部が認めたくない人物まで含めて、95年の熱く、激しい歴史を簡易にまとめてみた。

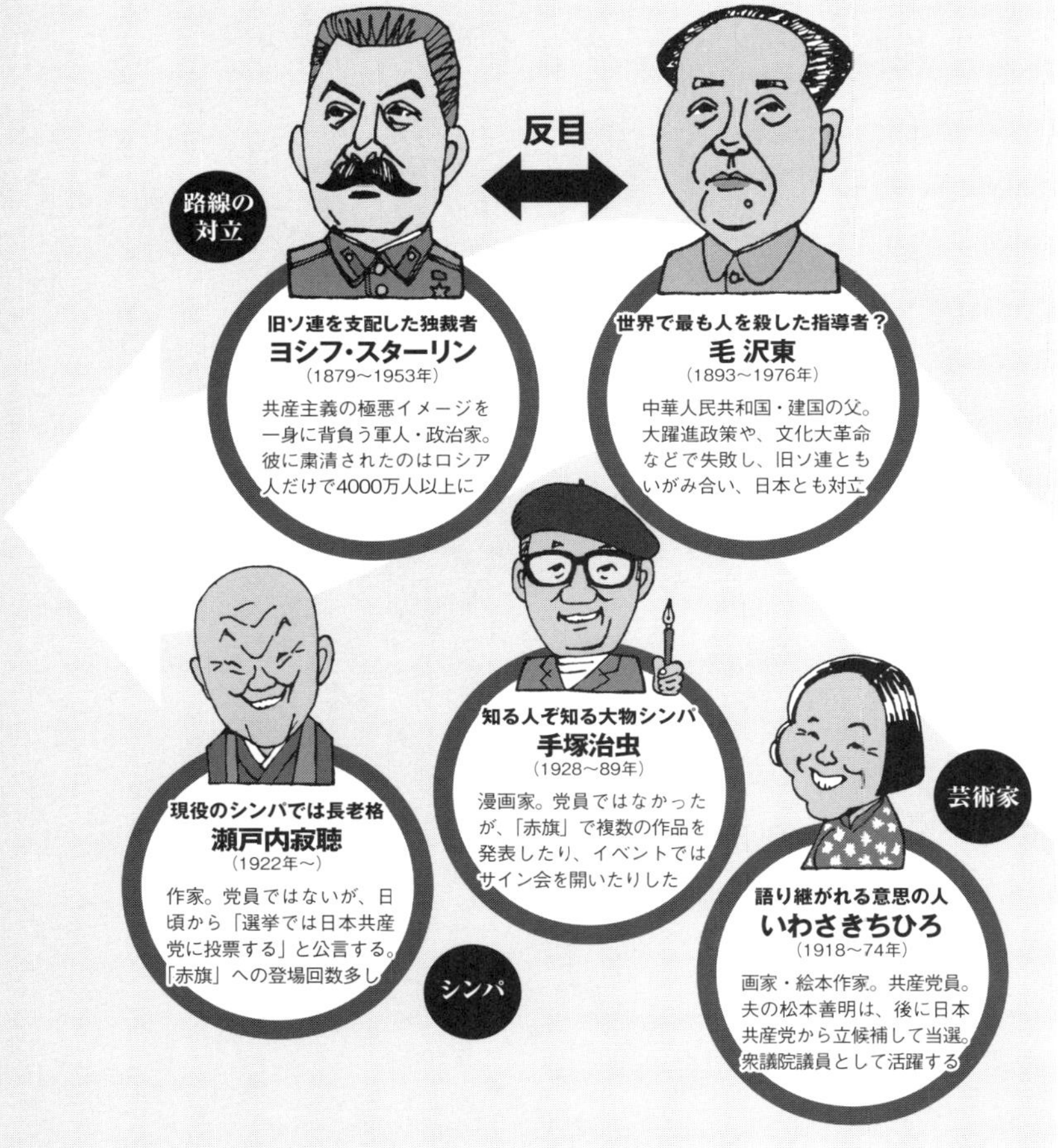

反目
路線の対立
旧ソ連を支配した独裁者
ヨシフ・スターリン
（1879〜1953年）
共産主義の極悪イメージを一身に背負う軍人・政治家。彼に粛清されたのはロシア人だけで4000万人以上に
世界で最も人を殺した指導者？
毛 沢東
（1893〜1976年）
中華人民共和国・建国の父。大躍進政策や、文化大革命などで失敗し、旧ソ連ともいがみ合い、日本とも対立
知る人ぞ知る大物シンパ
手塚治虫
（1928〜89年）
漫画家。党員ではなかったが、「赤旗」で複数の作品を発表したり、イベントではサイン会を開いたりした
現役のシンパでは長老格
瀬戸内寂聴
（1922年〜）
作家。党員ではないが、日頃から「選挙では日本共産党に投票する」と公言する。「赤旗」への登場回数多し
シンパ
芸術家
語り継がれる意思の人
いわさきちひろ
（1918〜74年）
画家・絵本作家。共産党員。夫の松本善明は、後に日本共産党から立候補して当選。衆議院議員として活躍する

現在の顔
35歳で党のナンバー3に
志位和夫
（1954年～）
2人の大先輩と比較すれば、「カリスマ性が足りない」といわれるが、街頭演説会などでは若者の心をつかむ
理論的支柱
スマイリング・コミュニスト
不破哲三
（1930年～）
本名は上田建二郎。知的で穏やかな語り口は、ソフト路線を歩む日本共産党には合致した。著作は約150冊
中興の祖
誰も逆らえなかったカリスマ
宮本顕治
（1908～2007年）
戦前からの活動家で、獄中12年。戦後の日本共産党を再整備した大立者だが、約40年間もトップに君臨
100歳で除名された超大物
野坂参三
（1892～1993年）
国際共産主義者。長く日本共産党の大幹部を務めたが、後に旧ソ連のスパイだったことが判明し、除名される
除名後の分派活動は成らず
志賀義雄
（1901～89年）
戦前の創生期からのメンバーだったが、旧ソ連の部分的核実験停止条約の批准で党の方針に反対して除名に
戦前・戦後の代表的活動家
徳田球一
（1894～1953年）
戦後初の日本共産党書記長。党内で対立の末、暴力革命路線を主導する。後に中国へ亡命し、北京で客死した
離脱した大物

Illustration by Saekichi Kojima

157〜159ジペーでは、日本共産党の95年の歴史を振り返った。

俗に、「右翼には勉強しなくてもなれるが、左翼には勉強しなくてはなれない」といわれる。例えば、1917年（大正6年）のロシア革命において背骨となった「マルクス＝レーニン主義」は、その典型である。

ロシア革命の動きを受け、日本共産党が結成されたのは旧ソ連が国家として成立した22年だった。当初は、レーニンが設立したコミンテルン（国際共産主義者のネットワーク機関）の支部という位置付けだった。

当時の日本政府は、国際共産主義を〝危険思想〟と判断し、特別高等警察（特高）などの思想警察を使って弾圧を加えた。コミンテルンは、「君主制の廃止」を唱える機関で、日本では「天皇制の廃止」となったからである。

なぜ、弾圧される存在だったのかといえば、国家の転覆を本気で考える革命政党だったということに起因している。不穏分子の集団として、28年には治安維持法違反により、日本共産党に対する一斉検挙が行われた。

その後も検挙は続き、一時は壊滅状態へと追い込まれる。党の再建を目指した田中清玄はコミンテルンから武器を輸入し、官憲と銃撃戦を行う。検挙を逃れたその他の幹部は、査問によるリンチ事件で死者を出す（後年、日本共産党はリンチではなかったと否定する）。

当時は、いったん検挙されれば、獄中で転向を迫られた。そんな中で、最後まで非転向を貫いた代表的な人物が、戦後に合法化された日本共産党の骨格をつくった宮本顕治である。61年の「綱領」と「規約」は、彼が主導したものである。

そこに至る過程では、暴力革命を志向していた徳田球一などの著名な幹部は離脱せざるを得なくなる。というのも、前衛政党（大衆を一段高いところから教え導く）であることを自任していた日本共産党は、脱落した仲間には厳しく、分派活動も認めず、反党分子に対しては容赦なく反撃した。いつしか、異端審問官のような〝絶対的存在〟となる。

現在の日本共産党は、武装闘争を否定するが、本質はマルクス＝レーニン主義に基づいた革命政党である。革命の本質とは、内乱を起こすことも辞さず、権力闘争で勝って政権を奪取することにこそある。そういうルーツを持つ政党にもかかわらず、55年に武装闘争路線を放棄して以降の60年安保や70年安保では、新左翼に支持を奪われてしまったのである（日本共産党は新左翼を否定する立場にある）。

元参議院議員の筆坂秀世氏は、こう指摘する。「今日、共産主義にロマンを抱くことは難しい。消費増税に反対だからといって、それだけで共産党に入る人はいない」。

日本共産党は、なかなか激しい道のりを歩んできたのである。

決して大企業を敵視してはいない
資本主義の先には共産主義がある

志位和夫氏インタビュー

日本共産党中央委員会幹部会委員長・衆議院議員

2016年6月6日実施

政治の世界で変化が起きている。保守色を強める安倍政権に対する批判の受け皿として、日本共産党の存在が急浮上しているのだ。若者や無党派層への支持拡大で勢いに乗るキーマンを直撃した。

――現在、自由民主党の安倍晋三政権と正面から〝ガチンコ対決〟できる存在として、あらためて日本共産党に対する注目が集まっています。

やはり、政権を獲ってからの安倍首相がやってきたことの数々は、「あまりにも危うい」と感じている国民が増えているのだと思います。

これまで安倍首相は、選挙戦を戦う上ではアベノミクス（成長戦略）一本に絞って進めてきました。そして、いったん多数派となるや、今度は秘密保護法案を強行採決したり、集団的自衛権の行使を容認する閣議決定をしたり、さらには安全保障関連法案を強行採決しています。

——日本共産党では、安保法制を〝戦争法〟と定義していますね。

私たちは、日本を戦争する国に造り変える安保法制という意味で、戦争法と呼んでいます。この戦争法は、「戦争の

しい・かずお●1954年、千葉県生まれ。東京大学工学部物理工学科を卒業後、80年に日本共産党の東京都委員会に入る。82年に党中央委員会に転じ、90年には同書記長に選出される。93年に衆議院選挙で初当選。2000年、同幹部会委員長となる。幼少時の夢は音楽家になることだった。気分転換はクラシック音楽の鑑賞で、いつも持ち歩くiPadにはたくさんの楽曲や譜面が入っている。愛読書はロマン・ロランの『ベートーヴェンの生涯』。ミュージカルは家族で観る。

Shinichi Yokoyama

放棄」「戦争力の不保持」「交戦権の否認」から構成されている日本国憲法の第9条を破壊する行為だと考えています。

そうした安倍内閣の暴走が続く中で、①ぶれることなく反対する政党が欲しい、②反対するだけでなく、経済でも外交でも対案を出す必要がある、③野党がバラバラに動くのではなく、結束して安倍政権を倒してほしいとの国民の声が高まっている。全国各地を歩きながら、そういう手応えを感じていました。

そこで私たちは、「日本共産党も変わらなければならない」と考えるようになりました。例えば、2015年の9月19日午前中に戦争法案が強行採決された直後、その日の午後に野党各党に対して

恒例となった首相官邸前の抗議デモに参加する日本共産党の志位和夫委員長（右端）。近年の反原発デモには、かつて敵対していた"新左翼"の活動家などから一般市民まで参加する。現役の党首でありながら、頻繁に現場へ足を運ぶ
（写真提供：日本共産党中央委員会）

「国民連合政府構想」の実現を呼び掛けることにしました。安倍政権の暴走は、止めなくてはなりません。今は〝非常事態〟なのですから、ここは互いの政策の違いを脇に置いてでも、全国的な規模で野党5党が力を合わせて選挙戦を戦う。そして、戦争法を廃止に追い込み、立憲主義を回復させる。その大義の下に結束しようということです。

実はそこまで踏み込んだのは、日本共産党の94年の歴史の中でも初めてでした。

資本主義の総本山たる米英で起きている変化

――過去の日本共産党には、「大企業を敵視してきた」という印象があります。ところが、近年では「大企業とは共存する」という方針を掲げています。共存するとはどういう意味ですか。

まず私たちは、決して大企業を敵視していませんし、ましてや潰れてもよいと考えているのではありません。そうではない。

端的に言えば、こうなります。「今日の経済社会の中で大企業が果たしている役割は非常に大きい。ですから、大企業には持っている力に見合うだけの社会的な責任を果たしてほしい」ということなのです。

――しかし、大企業は、いきなり日本共産党から「利益剰余金を吐き出せ」と迫られたら、「経営を知らんくせに何を言うか」と反発するのでは。

いやいや。私たちは、「大企業にたまっている内部留保（利益剰余金）を皆に配れ」と言っているのではありません。たまっているのであれば、そのうちの数パーセントでも社会のために還元すればよいのではないか、ということです。

例えば、今日のような「ルールなき資本主義」の中で、大企業がもうけることばかりを重視すれば、競争が激しくなり、最終的には皆が疲弊してしまいます。その結果、経済全体が立ち行かなくなっては、元も子もありません。

そうではなく、もう少し働く人の立場になって考える必要があると思うのです。どういうことかと言うと、現在はため込んでいるだけで〝死んだお金〟と化している内部留保を活用することで、〝生きたお金〟に変えるのです。

仮に、大企業が内部留保の数パーセントを出すような仕組みがあれば、正規雇用者を増やせますし、長時間労働も減らせます。〝過労死〟ということが問題になっているような国は世界でも日本だけですよ。長い目で見れば、循環するような仕組みがあれば、企業のためにもなります。また、社会の発展にも貢献します。そうした民主的なルール作りは、政治の役割になります。

——では、日本でそのようなルール作りが必要になった背景には、どのような問題があったと考えていますか。

世界的な流れで言えば、やはり1980年代に進んだ「新自由主義的な考え方」に原因があると思います。それまでは、政府が公共事業などで需要を創出して経済を活性化させるという「ケインズ主義」でしたが、例えば英国の「サッチャリズム」や、米国の「レーガノミクス」で大幅な規制緩和を加速させたことによって、先進国内でも格差や貧困の問題が顕在化するようになりました。

その後、90年代を通して、企業にとって邪魔になるような規制はすべて撤廃するという新自由主義的な考え方を進めた結果、一握りの富裕層が果実を独占するという状況が生まれました。日本でも同じことが起こりました。この流れは、2000年代に入ってからも続いていますが、企業にとって都合のよいルールなき資本主義というのは、健全な社会の発展を阻害するものだと思うのです。

——近年は、世界的にも格差や貧困の問題がクローズアップされるようになりました。とりわけ、志位さんが注目している国や地域はありますか。

そうですね。私は、ラテンアメリカの動きに注目しています。かつて、この地域は「アメリカの裏庭」などと呼ばれていましたが、近年はまったく異なっています。今では、80年代に米国から押し付けられた新自由主義的な考え方を放棄し、格差や貧困の問題を解決するために自らの意思で民主革命を起こしていることです。それも、ラテンアメリカを〝面で覆う〟ように進んでいます。

一方では、例えば16年の米国大統領選挙で民主党の有力候補者であるバーニ

若手の党員向けの勉強会では、ソフト路線に移行してからの日本共産党の理論的支柱だった不破哲三・前中央委員会議長や、現在の党首である志位和夫委員長も講師も務める。これとは別に、特別党学校という研修会も開催する
（写真提供：日本共産党中央委員会）

ー・サンダースさんは、自らを「民主社会主義者」と言うように、格差や貧困の問題を訴え続けてきました。社会主義者であっても、サンダースさんは米国でかなりの支持を得ていますし、ヒラリー・クリントンさんを追い落とすほどの勢いがあります。さらに英国では、15年、同じく民主社会主義者を標榜するジェレミー・コービンさんが労働党の党首になっています。彼はハードレフト（強硬左派）に属す政治家ですから、格差や貧困の是正に乗り出しています。

奇しくも、世界で同時多発的に、それも資本主義の総本山である米国や英国で、そうした動きが出ているのです。この新しい流れは、偶然ではありません。

旧ソ連とはまったく異なる日本共産党の自主独立路線

――しかしながら、日本の社会には、今も〝共産党アレルギー〟のようなものがあります。日本共産党の歴史を調べると、1955年に武装闘争路線を放棄してからは、「選挙による議席の獲得を通じて社会を改革する」というソフト路線に転じています。その一方で、約40年間トップの座にあった宮本顕治さんが執筆した『日本革命の展望』（68年）には、マル

クス＝レーニン主義に立脚する暴力革命を論じた〝敵の出方論〟が出てきます。

いや。かつて、日本共産党が〝敵の出方論〟と言っていた時代の考え方は、武力闘争に訴えて暴力革命を起こすということではない。むしろ、反対です。

要するに、国民の多数の支持を経て社会の改革を進めるという方針であっても、アメリカ帝国主義とそれに従属する日本独占資本などの敵がクーデターを仕掛けたり、不法な手段で襲ってきたりした場合には私たちが進める平和的な改革路線が阻まれる可能性があり得る。そうした事態に備えて準備をしておくという意味なのです。武装蜂起して革命を起こしたいのではありません。

――ですが、共産党ウォッチャーには、「敵の出方論＝暴力革命」と見ている人が少なくないですし、「現在の日本共産党はソフト路線を打ち出しているが、根っ子は革命政党である。政権を獲ったら最後、旧ソ連のような一党独裁の素顔が出るはずだ」という疑いを抱いている人も少なくありませんね。

違います。私は、世の中の在り方をガラリと変えるという意味で、革命とは悪いことだと思っていません。ただ、そこに至るまでの方法は、あくまで国民の多数の支持を経て社会の改革を進めるという方針に変わりありません。60年以上、一貫しています。これは、一歩一歩進めて行く話なのです。

――ところで、最もベーシックな点をお聞きします。1991年冬に旧ソ連が崩壊したことにより、世間では「共産主義という考え方は終わっているのではないか」と見ている人が多いのではないかと思います。例えば今日でも、共産主義を標榜している国で、経済的に成功しているところはありません。

まず、これまで私たちは「ソビエト連邦は社会主義でも共産主義でもない」と強く発言してきました。私たちとは、まったく異なる存在です。

日本共産党は、旧ソ連がつぶれてから批判を始めたわけではないことを知ってほしい。すでに60年代前半の時点で、「日本共産党はソ連の言いなりになれ」と言われていました。しかしながら、自主独立を尊ぶ私たちと旧ソ連は大論争を続けてきました。しかもソ連は、日本共産党に手先（スパイ）を送り込み、指導部を内部から壊そうとしました。68年には、ソ連が率いるワルシャワ条約機構軍がチェコスロバキアに侵攻します。いわゆる「プラハの春」ですね。

旧ソ連との関係が決定的に悪化したのは、79年のアフガニスタンへの侵攻でした。「もう許せん。社会主義国の顔をして、他国を侵略するとは何事か！」と激怒しました。ですから、91年に旧ソ連が崩壊した際は、日本共産党は「諸手を挙げて歓迎する」という声明を出したほどです。旧ソ連のような民主主義がまったくない、野蛮な体制ではなく、「私たちが日本で未来社会をつくるのだ」という思いでしたね。ちょうど、私が書記局長になって間もなくの頃でした。

――とはいえ、日本共産党は、1922年にコミンテルン（旧ソ連が主導した世界同時革命を目指す共産主義政党による国際組織）の日本支部として立ち上がりました。言うなれば、日本共産党にとって旧ソ連は〝親のような筋〟に当たります。志位さんも、心中は辛かったのではないですか。

親ではない（笑）。旧ソ連が崩壊して、もう25年が経ちます。旧ソ連が消滅したことで、「これで邪魔者がいなくなった」と清々した気持ちになりました。

米ソによる冷戦構造の枠組みから抜け出した世界の国々は、本気で自分たちの行く末について考えることができるようになりました。それまでは、どちらかの陣営に属していたわけですが、縛りがなくなったのです。そういう意味では、日本はいつまでも「アメリカの言いなり」になっていてはいけません。

矛盾が多い資本主義の先に社会主義、共産主義がある

――旧ソ連とは異なる未来社会の実現を目指し、資本主義の枠内で民主的改革を進めるのであれば、日本共産党という党名を変える必要があるのでは。

ありません。変える必要がないのは、日本共産党という党名ほど〝理念〟が込められたものはないからです。何かと矛盾が多い現在のルールなき資本主義の先には、次なる発展の段階としての「社会主義」や「共産主義」があると考えます。

先ほど、新自由主義的な考え方の問題について指摘しました。新自由主義的な規制緩和を推進する人たちは、意図して「分断」を作り出しています。例えば、正規雇用者と非正規雇用者を分断させ、両者を対立構造の中で反目させたほうが都合がよいからです。

この罠にひっかかっている間は、いつまでも問題が解決できません。同じことは、沖縄問題や原発問題についても言えます。

そこで、現役世代のビジネスパーソンには、身の回りでの〝連帯〟、すなわち社会的連帯について、少し考えてみてほしいですね。例えば、正規雇用者が、立場の弱い非正規雇用者と連帯して、「自分たちの問題」として捉えて改善活動を始めれば、職場の環境をより

よくすることだってできるはずです。

――連帯と言えば、近年の日本共産党は、1960～70年代の運動では相手にしなかったであろう「SEALDs」(自由と民主主義のための学生緊急行動)の若者たちと連帯していますね。彼らは、国の首相を〝お前呼ばわり〟するなど、言葉の使い方が少し乱暴だと思うのですが、周りの大人たちは注意しないのですか。

ふふふ。言葉の使い方はともかく、私は〝今、戦後かつてない市民運動〟が起きていると思っています。今日の市民運動は、60～70年代の運動とは質が違います。運動の単位は、誰かにリードされた集団ではなく、個人なのです。問題意識を持った個人が、自分の言葉で語っています。戦争法の問題では、ＳＥＡＬＤｓばかりでなく、一般の学生、学者、弁護士、著述家、ママの会など、これまで接点がなかった個人の集まりが生まれました。それらが連帯しているのです。

言葉の問題は難しい。過去15年以上、街頭演説をしてきた私も反省することしきりです。例えば、「安倍政権に終止符を打ちましょう」と言っても、活字で読めば分かりますが、耳から入るとピンとこないかもしれません。同じことでも「安倍政権にピリオドを打ちましょう」と言ったほうが刺さるかもしれない。

政策を訴える上では、なるべく分かりやすい言葉で、かつビジュアルも工夫しなければなりません。決して、難解な言葉ばかり使って部外者を遠ざけようとしているのではありません。その点は、今後も課題であり続けるはずです。

かつて日本共産党のデモは、高齢者ばかりだったが、近年は子育て中の若いママなどが足を止めて演説を聞くようになった。過去には、なかなか一般市民との直接的な接点が持てなかった共産党にとって、千載一遇のチャンスである

（写真提供：日本共産党中央委員会）

指導部の「鉄のヒエラルキー」

とかく、日本共産党は、〝文字ばっかり〟なのである。一般企業のような組織図は存在せず、「役員」と呼ばれる指導部は、複数の役職を兼任するため実態が分かりにくくなっている。

そこで、元衆議院議員の佐々木陸海・日本共産党中央委員会書記局次長の協力を得ながら、部外者でも理解できるように〝力関係〟という観点から全体像の整理を試みた（左図を参照）。

まず、日本共産党では「綱領」と「規約」が全ての規律の〝大本〟になっている。綱領は、政策や方針などのベーシックな考え方を列挙した憲法のような文書で、規約はそれらの考え方に基づく諸活動を進める上でのルール集である。

その下に、2～3年に1度開かれる最高意思決定機関としての党大会があり、向こう数年間の大方針を決定する。近年は、静岡県熱海市にある伊豆学習会館で、数日間かけて行われる。この場で、中央委員会などの幹部人事が選出・承認され、次の党大会までの布陣が決まる。毎回、このプロセスを繰り返すのだ。

本部の専従職員は、「赤旗」の記者を含めて約700人。党員歴が長ければ、中央委員になれるわけではない。人材登用では、①能力、②資質、③品格が問われるという。

建前は綱領・規約が最上位 力関係で整理した本当の“序列”

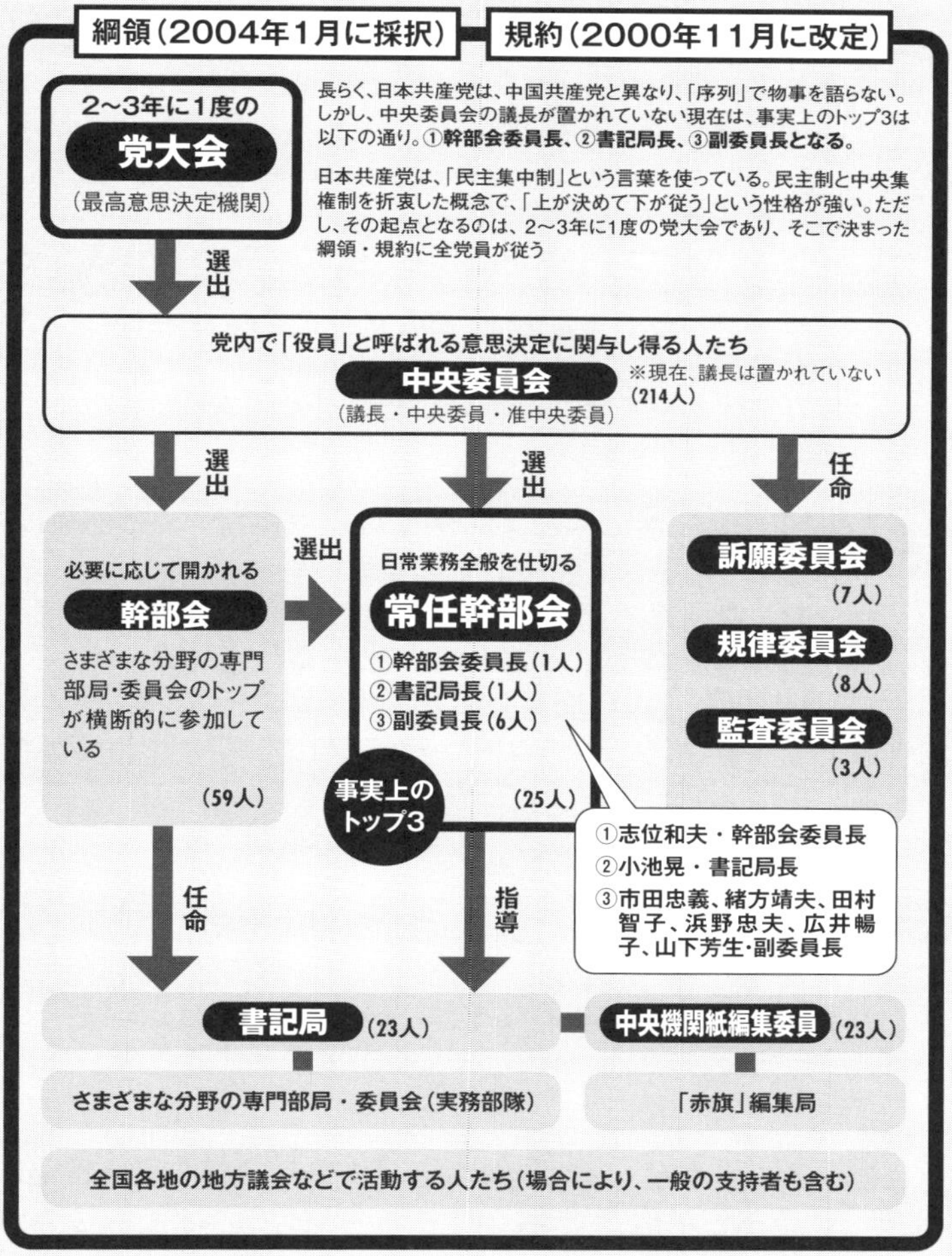

＊取材を基に週刊ダイヤモンド編集部で作成

天皇制も自衛隊も事実上容認 “スタンスの軌道修正”を追跡!

●1961年(第8回党大会)

―まず民主主義革命、次に社会主義革命を目指すという**「二段階革命論」**を規定する

―あらためて、日本共産党に固有のスローガンである**「天皇制の廃止」**を綱領に明記した

●1970年(第11回党大会)

―マルクス=レーニン主義を**「行動の指針とする」**から**「理論的基礎とする」**に変更

―**「70年代の遅くない時期に、民主連合政府樹立を目指す」**という決議を行う

●1973年(第12回党大会)

―**「プロレタリアート独裁」**という言葉をやめて**「プロレタリアート執権」**に変更

―**「国会を反動支配の道具から人民に奉仕する道具にかえ～」**の**「道具」**を**「機関」**に変更

●1976年(第13回臨時党大会)

―**「マルクス=レーニン主義」**という表記を消して**「科学的社会主義」**に変更

●1989年(昭和天皇の崩御に際して)

―**「天皇裕仁は、侵略戦争の最大かつ最高の責任者」「天皇制は廃止されるべきもの」**という内容のコメントを発表する。大喪の礼についても、**「主権在民と政教分離」**を理由に中止を要請

●1997年(第21回党大会)

―**「民主連合政府実現を21世紀の早い時期に目指す」**という決議案を採択

●2000年(第22回党大会)

—これまで、日本共産党を体現する言葉の一つだった
「前衛政党」という記述を削除

●2004年(第23回党大会)

—現行憲法の廃棄を目指しながら、綱領に**「現行憲法の前文を含む全条項をまもる」**と盛り込む

—同じく、天皇制については、**「天皇の制度は憲法上の制度であり、その存続は、将来、情勢が熟したときに、国民の総意によって解決されるべきものである」**とした

—自衛隊と日米関係についても、**「海外派兵立法をやめ、軍縮の措置をとる。安保条約廃棄後のアジア情勢の新しい展開を踏まえつつ、国民の合意での憲法第九条の完全実施(自衛隊の解消)に向かって前進をはかる」**とする

●2016年(夏の参議院選挙に向けて)

—5野党党首会談で、次期参議院選挙に向けた協力をすることで合意する。そのために、過去には他党と組む際にネックとなっていた天皇制と自衛隊の問題は棚上げしたが、
「国民連合政府構想」は捨てず

↓

結論:表面的には変わったように見えても、本質的にはあまり変わっていないのでは?

*取材を基に週刊ダイヤモンド編集部で作成

JR代々木駅から徒歩5分。明治通り沿いに立つ本部ビル。
道路の反対側には関連書籍を扱う美和書店もある

探訪ルポ

政権を獲る日のために建設した85億円かけた代々木要塞の内部

２００５年に完成した日本共産党の本部ビルは、正面から見て左側の11階建てのビルと右側の８階建てのビルの二つの建物から成る。約85億円の建て替え資金のうち約40億円は党員やシンパからの寄付である。

きっかけは１９９５年の阪神・淡路大震災だった。党の発展とともに建て増しを続けてきた８棟の建物の耐震診断をしてみると、幾つかの建物は震度７クラスの地震に耐えられないとの結果が出た。

そこで、将来、政権を獲った日のために、自己完結型の省エネ・ビルに刷新した。事実上の基地であるが、武器庫はない。

Photo by Shinichi Yokoyama

▶レトロな雰囲気の新聞販売機は今も現役で稼働する。機関紙の「赤旗」は買える場所が少ないからか需要は多い

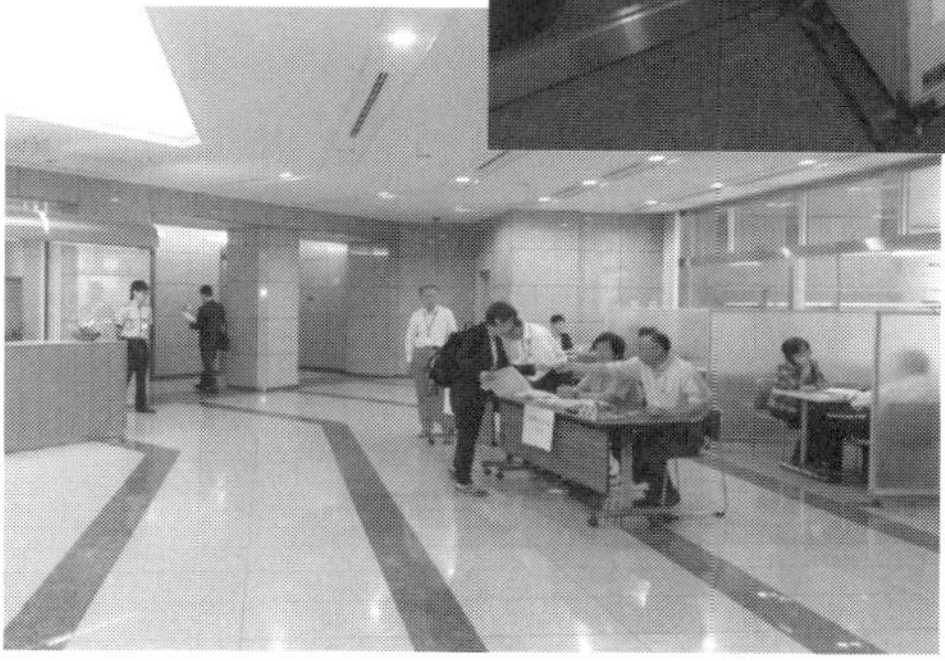

◀ホテルのように開放的な1階のロビー。本部を守るガードマンたちは、共産党系の警備会社から派遣されている

▲そもそもは党員向けの共産党グッズだが、「ニコニコ超会議」などの会場でも販売する。貴重な外販収入源だ

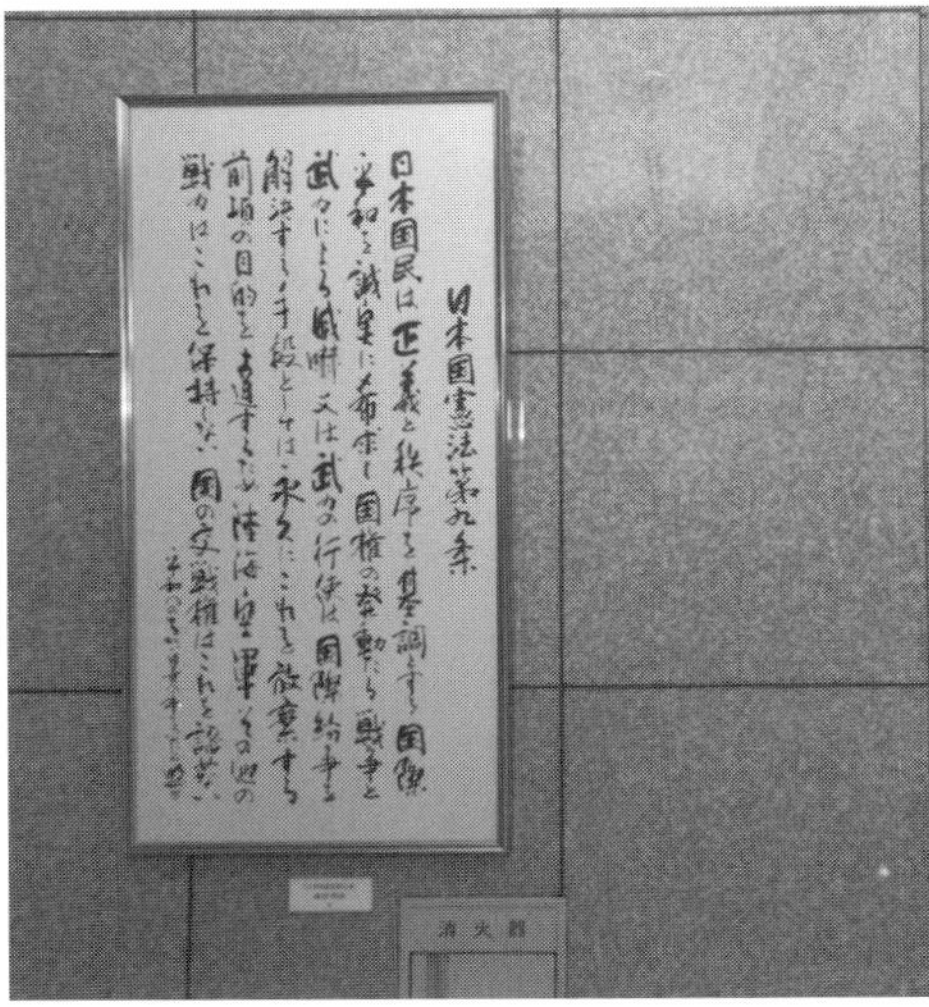

▲執務エリアへ入る前に「憲法第9条」の額が目に飛び込む。終戦直後は改憲派だったが、今は護憲派である

▶選挙を控えた時期には、家に帰れなくなるほど忙しくなる選挙対策局。最前線は、人の出入りがひっきりなしだった

◀約16万冊の蔵書がある資料室。社会科学関連の資料は充実しており、国立国会図書館にない各国の文献がある

▶毎日、肉か魚がメインの二つのメニューから選ぶ(480円)。人気があるのはお刺身定食。野菜は、大量購入する

◀本部の専従職員は、全体的に高齢化が進むが、食堂には老若男女が集う。貴重なコミュニケーションの場でもある

▲館内最大のスペースである大会議場は、400人を収容できる。耐震設計は盤石で、騒音対策も施されている

▶1922年（大正11年）から使用されている党章。館内では、屋上にしかない

▼党としては、天皇制に反対だが、屋上から見える明治神宮や浜離宮恩賜庭園の眺めで頭の疲れを取ることもある

▼地下2階にある特注のシュレッダー・マシンで、紙ごみを処分する。部署ごとで使うために、全員が操作に習熟する

▲今日の日本共産党には「査問」という言葉はないそうだが、過ちを犯した当人から事情を聞く規律委員会はある

▶「赤旗」は、毎朝ここから全国各地に向けて出荷される

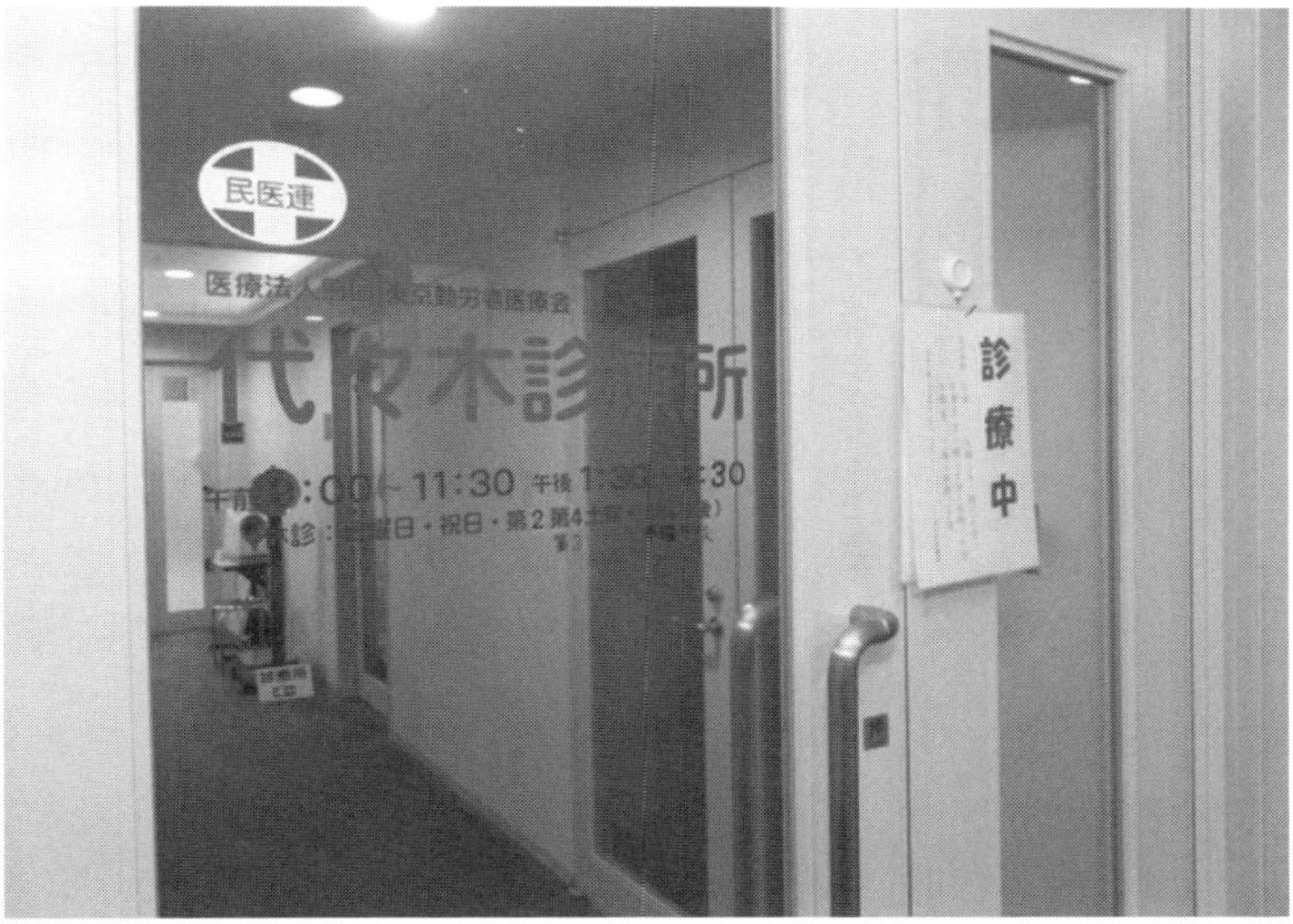

▲近隣の住民や地元企業に開放される代々木診療所

▲「政党機関紙ではあるが、私たちのライバルは朝日新聞であり、讀賣新聞である」と語る小木曽陽司・編集局長

▼「赤旗」編集部は、党内では相対的に若い男女が多数働く。この現場から独自視点のニュースが発信される

おわりに

「9月25日の週に衆院解散、10月22日投開票、との見方が強まっている。しかも、ものすごいスピードで」

旧知の永田町関係者からきなくさい連絡を受けたのは、担当していたソフトバンク特集の締め切りが佳境を迎えていた2017年9月14日午後でした。浮かんでは消えてきた早期解散説。今回も立ち消えになるかなと高をくくっていたら、17日には創価学会が全国の方面長を集めて緊急会議を開き、選挙準備を指示したとの情報も入ってきました。こうなると間違いありません。締め切り作業に追われながら、本書の緊急発売の決断を下しました。

14年の衆議院解散の際も、創価学会が同様の手順を踏んで選挙戦をスタートさせており、方面長会議の動向は政局にとっても最重要の指標となります。一時期を除けば1999年以降、ほぼ与党の地位を維持する公明党の支持母体であり、数百万の票を抱える創価学会はいまや政権と密接不可分な存在なのです。また、今回の衆院選では、自民党、希望の党に対する批判の受け皿として、日本共産党にも注目が集まりました。

16年7月の参院選直前。私たちは「創価学会と共産党」という特集を組みました。経済誌という特性上、「週刊ダイヤモンド」は特集テーマとして、前述のソフトバンクや東芝、金融業界など企業・産業モノを扱うことが多いのですが、あえて政治モノに切り込んだ背景には、この二大組織に対する世間の無理解がありました。

「朝日新聞」の元政治部長で、東洋大学教授の薬師寺克行氏は「公明党の支持者の多くが創価学会員で、選挙のたびに公明党に投票する一方、それ以外の多くの有権者は創価学会、公明党に関心を持とうとせず、拒否している。その結果、世間と距離のある存在になっている」と指摘しています。実際、世の中には創価学会に関する書籍があふれていますが、個人的な因縁や感情が反映され過ぎていたり、逆に創価学会の主義主張を無批判に礼賛していたりと、極端な内容のものが少なくありません。

それに対して、これだけの影響力を持つに至った背景、そして内部の権力構造や巨大組織を支える資金力の実態などについて、経済誌らしく数字や客観的なデータにこだわってまとめたのが、本書の特徴です。衆院選を受けた緊急書籍化に当たっては、選挙と両者の関係について追加取材して加筆修正しました。自民党と希望の党という新たな二大政党のはざまで存在感を増す二大組織。本書が少しでも、その理解に役立つことを願っています。

２０１７年10月　週刊ダイヤモンド副編集長　山口圭介

［執筆者紹介］

副編集長・山口圭介

早稲田大学卒業後、2004年に産経新聞社入社。08年に週刊ダイヤモンド記者となり、商社、銀行を担当。12年より金融担当の副編集長、17年からIT・電機・政治を担当。主な担当特集に「三菱最強伝説」「孫正義が知らないソフトバンク」など。

記者・重石岳史

1979年、福岡県生まれ。早稲田大学卒業後、インドネシアの現地紙記者となり、2006年に毎日新聞社入社。大阪社会部などを経て15年に週刊ダイヤモンドに移籍。現在、自動車を担当。主な担当特集に「国税は見ている」「司法エリートの没落」。

記者・池冨仁

1969年、東京都生まれ。書店、印刷会社、編集プロダクションなどを渡り歩き、97年にダイヤモンド社入社。「HBR日本版」編集部などを経て、2002年から週刊ダイヤモンド記者。これまでエネルギー、情報・通信、総合重機、化学などを担当。

委嘱記者・大根田康介

1980年、福岡県生まれ。立命館大学卒業後、大阪大学大学院修了。企業調査会社を経てフリーライターとして独立。2015年に週刊ダイヤモンドの委嘱記者となる。建設・不動産業界を中心に取材・執筆。主な担当特集に「不動産投資の甘い罠」。

ライター・秋山謙一郎

1971年、兵庫県生まれ。フリージャーナリスト。ダイヤモンド・オンライン、週刊ポスト、AERA dot.などに寄稿。著書に『ブラック企業経営者の本音』、共著書に『弁護士の格差』『司法が危ない』『銀行員の正体』など。

創価学会と共産党

——激変する巨大組織のカネ・権力・ヒエラルキー

2017年10月25日　第1刷発行
2017年11月9日　第2刷発行

著　者——週刊ダイヤモンド編集部 編
発行所——ダイヤモンド社
〒150-8409　東京都渋谷区神宮前6-12-17
http://www.diamond.co.jp/
電話／03・5778・7214（編集）　03・5778・7240（販売）
装丁————志岐デザイン事務所
本文デザイン—ムシカゴグラフィクス
製作進行——ダイヤモンド・グラフィック社
印刷————勇進印刷（本文）・加藤文明社（カバー）
製本————ブックアート
編集担当——山口圭介

ISBN 978-4-478-10438-5